小学语文教育
创新实践研究

李艳 著

吉林文史出版社

图书在版编目（CIP）数据

小学语文教育创新实践研究 / 李艳著. —— 长春：
吉林文史出版社，2021.12
　ISBN 978-7-5472-8389-9

　Ⅰ．①小… Ⅱ．①李… Ⅲ．①小学语文课－教学研究
Ⅳ．①G623.202

中国版本图书馆 CIP 数据核字 (2021) 第 232940 号

小学语文教育创新实践研究

XIAOXUE YUWEN JIAOYU CHUANGXIN SHIJIAN YANJIU

出 版 人：张　强
作　　者：李　艳
责任编辑：钟　彬
出版发行：吉林文史出版社有限责任公司
地　　址：长春市福祉大路 5788 号出版大厦
印　　刷：吉林省吉盛印业有限公司
开　　本：880mm × 1230mm　1/32
印　　张：5
字　　数：139 千字
版　　次：2021 年 12 月第 1 版
印　　次：2021 年 12 月第 1 次印刷
书　　号：ISBN 978-7-5472-8389-9
定　　价：58.00 元

前　言

　　语文作为基础工具学科，在培养学生听、说、读、写能力过程中起着极其重要的作用，其教育方法尤为重要。受传统教育观念的影响，小学语文教育多是教师在课堂上起主导作用，学生缺乏主动性，在课堂上做了旁观者、局外人，他们被动地接受着老师的理论，被老师牵着鼻子走，久而久之，其思维能力、个性发展被压抑，学习兴趣日趋淡薄。致使当前小学语文教育中，普遍存在着学生对语文不太感兴趣，甚至存在厌烦的情绪，这是导致小学语文教育长期处于高耕低效困境的重要症结。

　　小学语文教育是实践性与艺术性的结合。在教育中，要注重对学生思维能力的训练和培养。思维是语言的基础和先导，思维的训练和培养是语文能力、综合素质形成的基础和关键，小学语文课堂尤其要注重形象思维、逻辑思维和创造思维的训练和培养，这无论对语文学习还是其他学科的学习都十分重要。

　　备课环节作为小学语文教育创新实践的重点，笔者从基础、主要环节、内容、步骤等方面进行了多层次的总结和介绍，力求让大家明白要领、把握实质、掌握要素，在实践过程中运用得得心应手，更好地驾驭教材，驾驭教育。

　　课堂授课是小学语文教育创新的实施环节。再好的准备也要通过授课来把知识传授给学生，培养学生的学习能力。在授课环节要讲方法、求科学、用艺术，把握好每个步骤，注重知识的传输、接受和训练提高。当然，课堂教育中还要很好地进行组织调控，注重教育语言、板书、仪态，这些虽然熟知，但不一定做得好，做得好还要追求更好。

教育手段的丰富，既给我们的教育提供了方便和高效，同时也给我们的教育提出了新的更高的要求。多媒体教育就是小学语文教育创新中必不可少的手段，需要多学习，多实践，多完善，不能退而避之。同时，上好语文写作课、识字写字课、作文讲评课，进行课堂练习指导是优化语文教育结构的要求，也是丰富教育手段的要求。

小学语文教育创新和其他学科教育一样，是逐步提高，反复研究提高，相互促进提高的过程，这就需要小学语文教师们在教育实践中从广阔视野不断探索创新，运用多种教育方法激发学生兴趣，教育过程要遵循美的原则，认真准备、积极组织，运用艺术方法，渗透人文精神，达到预期目的，充分发挥教师主导作用，使学生真正成为学习的主体，成为具有适应性和创造性的社会所需的人才。

目　录

第一章　小学语文教育概述

小学语文教育是小学教育活动的重要组成部分，具有巨大的教育价值，能够有效促进小学生身心的全面发展。面对小学语文教育现状，应结合小学教育实际情况，采取有效的小学语文教育策略，逐步优化小学语文教育，充分发掘小学语文教育应用的教育价值。

第一节　小学语文教育的宏观策略

一、小学语文教育目标的审视

教育目标是教育活动的出发点和理想归宿，引导着教育活动的顺利进行，同时，又影响着教育内容的取舍、教育方法的运用及教育效果的评价。为进一步促进小学语文教育的发展，对这一指导性的目标体系进行重新审视是十分必要的。

（一）关于"语文素养"

新课程标准认为，"语文课程应致力于学生语文素养的形成和发展"，即语文课程的终极目标是全面提高学生的语文素养。

对于"素养"一词，从汉语词源的角度来说，"素"本义是指没有花纹的丝织品，是原色的。由于这种丝织品最为常见，因此具有了"平常"的形容词义，在后来的使用过程中又进一步引申为副词；"养"是"养成"的意思，通常指经过努力而达到一定的目标。由此可见，"素养"可以理解为经过平常不断的努力而达到的水平或造诣。那么语文素养，即指经过平常不断的语言训练而达到的语文水平。

一直以来，用"素养"来形容语文能力是比较恰当的。其一，语文课程属于人文课程，具有情感性、主观性、不确定性的基本特性，对教材内容的见解与理解往往受到个人的知识背景、生活体验与体悟的影响，因此，语文能力的形成，离不开长期的、潜移默化的熏陶。这和"素"的意义是吻合的；其二，虽然没有经过训练的人也能够运用母语进行日常的口语交流，但较高级的语文能力离不开有意识的训练。这正是"养"的意义的体现；其三，从整体来看，由于语文能力是经过长时间的努力才形成的，因此就某个角度来看，个人的语文素养具有一定的整体性，这个整体具有很强的蝴蝶效应，能够对其他人产生影响。

（二）关于三个维度

新课程标准提出了三个维度，即知识和能力、过程和方法、情感态度和价值观。这三个维度的提出，在一定程度上对之前过分注重知识与能力进行了纠正，因此，新课标一出台，"情感态度和价值观"、"过程和方法"就受到了广泛关注。

1. 情感态度和价值观

在对语文单一工具性进行纠偏的过程中，情感态度和价值观作为彰显人文性的标志被推到了最前沿。

在语文学习过程中，培养爱国主义情感，社会主义道德品质，逐步形成积极的人生态度和正确的价值观，提高文化品位和审美情趣，认识中华文化的丰厚博大，吸收民族文化智慧。关心当代文化生活，尊重多样文化，吸取人类优秀文化的营养，注重情感体验，受到高尚情操与趣味的熏陶，发展个性，丰富自己的精神世界等。

2. 过程与方法

言语能力在实施语文教育的实践过程中，不断得到加强。小学语文教育的对象是六七岁至十二三岁的孩童，他们的言语能力正处于快速发展的黄金时期，因此在小学语文教育过程中应注意过程性，重视过程中方法的运用，在科学思想的指导下实施教育，全面提高学生的言语能力。

3．知识和能力

虽然在推行新课标的过程中，人们有意无意地淡化了知识和能力的目标要求。但就课程标准的规定来看，不管是在学习目标三个维度中的排序，还是就课程"总目标"的表达来看，知识和能力都被放到了极其重要的位置。

就世界教育改革而言，减少知识量，降低知识难度，培养学生的能力与情感，进而促进学生的全面发展，逐渐成为共同的发展趋势。随着科技的进步与发展，获得知识变得越来越容易，拥有知识已不能成为职场的核心竞争力。因此，相对于过去过分看重知识而言，人们逐渐把视线转向了学生的能力与情感。

另外，教育设计是在建构主义影响下进行的，"意义建构"逐渐取代了"教育目标"的使用。学生是学习的主体，是意义的主动建构者。虽然教育思潮在不断发生着变化，知识在教育中的地位也在不断改变，但基本概念、基本原理以及基本方法始终是学习的主题，知识建构只有围绕学习主题进行，才能体现出知识建构的真正意义。换言之，基本概念、基本原理、基本方法是制定教育目标应遵循的原则。如果违背了这个原则，随意建构，没有明确的教育目标，那么，就很可能贻误了学生。

二、小学语文教育理念的更新

新课程标准提出了四个新理念，即全面提高学生的语文素养，正确把握语文教育的特点，积极倡导自主、合作、探究的学习方式，努力建设开放而有活力的语文课程。

（一）学生是发展中的人

"学生是发展中的人"主要包含以下几层意思：

1．学生是人

现在的很多教育者都曾经受到淡化"人性"教育的影响。因此，面对新的社会环境，我们需要对教育有一个全新的审视，以全新的理念认识到每一个学生都具有主体性。"学生是学习和发展的主体""学生是语文学习的主人",因此,语文学习应尊重学生的主体地位以及个体间的差异,激发学生的学习兴趣,注重培养学生良好的学习习惯与学习态度,为学生创设自主学习的情境,协助学生找到适合自己的学习方法,并在学习中提升自我的语文素养。

2. 学生处于发展之中

每个人都处于不断的发展之中。学生由于处在特别的年龄阶段,具有很强的可塑性,教师应重视对学生潜能的开发,依据学生的独特个性,促进其有特色地发展,可持续地发展。以"自主、合作、探究"的学习方式为例,与其相应的学习能力并不是与生俱来的,也不是短时间内就可以形成的,它需要根据不同的学年、不同的教育内容、不同的教育情境,在一年级到六年级的学习过程中逐渐培养与生成的。如果一味地注意学生作为"人"的自主性,而不考虑学生发展的实际情况,往往是适得其反,不能很好地促进学生的发展。

需要注意的是,"以人为本"并不仅仅注重学生的发展而忽视知识的传授,也并不是用以学生为中心取代教师的讲授,而是注重学生在接受学习的过程中加强自主学习。"以人为本"是教育活动的精神内核,教育中应把学生当作发展中的人来看待,不只关注形式,更应以教育内容为主导。

(二)语文具有实践性

语言是用会的而不是学会或教会的。因此,新课标强调了"语文是母语教育课,学习资源和实践机会无处不在,无时不有,因而应该让学生更多地直接接触语文材料,在大量的语文实践中掌握运用语文规律"的观念,并在"教育建议"中要求:"语文教育要沟通课堂内外,充分利用学校、家庭和社区等教育资源,开展综合性学习活动,拓宽学生的学习空间,增加学生语文实践的机会。"

在学生的学习阶段，尤其是在小学阶段，这种导向是科学合理的，由于学生的学习主要以感性为主，接触更多的是感性材料，因此多让学生参加一些语言实践活动，对于他们提高语文能力是十分有利的。需要注意的是，尽管语文学习具有开放性，应不断拓宽其发展的空间，使其在校外环境中得以运用。但是，如果没有理性的"教"与"学"的引导，"用"就会失去其科学性。对语言的运用如果只是一些低水平的重复，那么是不利于提高学生的语文素养的。

三、小学语文教育内容的调整

一直以来，包括国家权威性的语文教育纲领性文件在内，都把教育目标与教育内容混为一谈。从理论角度上说，教育目标讲的是教育活动应达到的目的，具有指向性；教育内容讲的是向学生讲授什么内容。教育目标是抽象的，教育内容是具体可行的。例如，如果教育目标是"要求学生掌握汉字的基本笔画"，那么教育内容就是对具体的汉字基本笔画进行陈述以及向学生展示汉字基本的笔画并进行相应的练习。换言之，教材是语文教育内容的载体，其中包括课文、思考练习、基础训练以及教辅资料等。除此以外，课外读物、音频材料、网络资源以及生活中的实例等教材外的其他资料，经过筛选后，同样可以成为教育内容的良好载体。由于语文具有圆融性，语文教育内容很难做到条分缕析，然而教育目标却可以具体到点。也正因如此，人们常常用教育目标取代教育内容。

虽然教育内容与教育目标都是人为规定的，但认识到二者的差别对教育具有十分重要意义。由于对同样的教育内容有着不同的理解，可能会产生若干种不同的教育目标。

总的来说，小学语文的教育内容主要包括识字写字（包括汉语拼音）、阅读、写作、口语交际、综合性学习。与之前的教育大纲相比，目前的教育内容有以下几点变化。

第一，在识字写字教育中，一二年级的识字量增加了约500

个，"直呼音节"变成了"拼读音节"。

第二，写作的教育内容根据年级的差异表现出不同的特点。与之前统一称为"作文"不同的是，第一学段称为"写话"；第二学段和第三学段称为"习作"；初中阶段才称为"作文"，不同的称号对学生提出了不同的要求。

第三，"听说"转为"口语交际"。"交际"是一种崭新的社会观念的体现，相应地，教育内容也由简单的听说提升到口语应用能力。

第四，"综合性学习"这一新名词的出现。关于综合性学习的性质，人们尚未形成定论，有的认为是指教育内容，有的则认为是指教育组织方式。而大多数通常认为，综合性学习的"综合"指的是内容的综合，即学习是多学科或多视角的整合。

教育内容的调整应与教育观念的更新一样，引起语文教育工作者的高度关注，顺应时代发展的潮流与要求。

四、小学语文教育方法的选择

教育方法有四个层面。第一个层面是原理层面，具有纲领性和抽象性，如启发式教育法、对话式教育法；第二个层面是技术层面，具有中介性和中立性，如讲授法、谈话法；第三个层面是操作层面，如课文题解法、通过形声字识字法；第四个层面是技巧层面，是教育方法在具体场合的运用，体现出不同教师的个人色彩。在具体的教育过程中，"原理层面"要融入"技术层面"，通过"操作层面"得以体现，最后通过"技巧层面"进行落实。

而每个层面上的教育方法，都必须做到以教育内容为中心，以学生为中心。也就是说，每个层面上的教育都要符合教育内容的需要，符合学生的认知水平和发展规律，并适于教师个体进行取长补短，只有这样，才是好的教育方法。小学语文是小学阶段最重要的科目，教育内容十分丰富，涉及听说读写、古今诗文。教师在对教育内容进行充分研读的基础上，要考虑到学生的心理发展、对知识的接受程度，并在情境化、具象化、趣味化教育原则的指导下，把课堂中的教育发挥到"艺术"的境界。

五、小学语文教育评价的改革

"评价建议"在新课标中占了很大的篇幅，从中也可以看出教育评价改革的力度之大，如"量化和客观化不能成为语文课程评价的主要手段""应避免语文评价的繁琐化""形成性评价和终结性评价都是必要的，但应加强形成性评价""定性评价和定量评价相结合，更应重视定性评价""应注意教师的评价、学生的自我评价与学生间互相评价相结合""还应该让学生家长积极参与评价活动"，从多方面对之前的习惯进行了调整。

概括来说，小学语文教育评价的改革其实是在以下两个前提的指导下进行的：其一，语文具有人文性、实践性的特点；其二，学生是学习和发展的主体，教育应尊重学生的个体差异以及考虑到学生的学习需求。

（一）语文的实践性和人文性对评价的要求

"语文"作为一门课程，"语"字明确了对实践的要求，而"文"字无论从语源学角度来看，还是从作为语素构词所具有的意义，都与"人文"有着密切的联系。因此，我们可以把实践性和人文性作为语文课程的两个特性，以及教师认识语文、实施评价的重要窗口。

由于语文具有实践性的特点，运用成了语文生命的集中体现。而运用又可分为外显的和内隐的，比如课堂内的口语交际与习作练习属于外显的运用，而阅读时的情感体验与语言积累则属于内隐的运用。实施评价之前，首先要对这两种实践运用加以区别，避免风马牛不相及的情况出现。

又由于语文具有人文性的特点，情意和志趣会贯穿语文教育的整个过程，并成为影响学生知识掌握和智力开发的重要因素。因此，在实施小学语文教育评价时，学生的学习动机与兴趣、情感态度、合作意识、创新精神以及在语文学习过程中形成的人生观价值观等，都应成为重要的评价对象。

（二）学生的发展性与差异性对评价的要求

学生是发展中的人，语文教育应关注其发展性与差异性，这同时也是人本教育的内核。小学生往往对教师具有崇拜的心理，教师的一言一行常常会对他们的心灵产生重要的影响。因此，教师应充分认识到学生个体所具有的发展性与差异性，对其实施因人而异的科学评价，这将对孩子们人生的可持续发展具有重要的作用。

1. 学生的发展性与差异性

对于小学生的发展性，低年级段的小学生，心理特征带有明显的形象性、具体性、无意性，情感还处在比较低级阶段，对自己情绪的控制能力比较差，虽然已经掌握了最基本的口语语法形式，但是理解书面语言和运用书面语言表达的能力比较低；中年级段的小学生，在心理与发展过程中，正处在一个转化和过渡的比较特殊的阶段；高年级段的小学生，初步具备了抽象概括的思维能力，但由于知识经验的限制，还无法进行那些和具体事物相距较远的高度抽象概括的活动，也只能对一些过程、结构简单事物进行抽象概括；口头词汇更加丰富，对词与概念的理解日益丰富、深刻，可以凭借语言进行想象和有目的、按顺序、有选择地进行回想；独自的言语逐渐成为口头语言的主要形式。这些心理特征直接或间接地影响着小学生的学习，当然，与语文学习也有着密切的关系。小学生发展的阶段性，是实施合理教育与评价的重要依据。

个体之间具有差异性，不同个体有着各自擅长的技能，而不同的技能之间并没有价值高低和品质优劣之分。在这种认知的引导下，有助于评价标准灵活变化，对学生实施更加宽容而合理的评价。例如，在达标测试中，对于由自身状况未能按时达标的学生，为其提供异步达标的机会，在承认差异性的基础上帮助其找到问题所在，并加以改进，实行延迟评价。再如，运用开放式问题对学生进行测评，由于答案不止一个，能够有效测出学生的思维水平和非认知领域的素质。总而言之，接受学生个体之间存在的差异性，认识到学生具有不同的智力、兴趣爱好、个性心理品质等，并通过科学合理的评价方法来激励他们扬长避短，是每一个合格教师的必备品质。

2. 学生的发展性与差异性要求评价多样化

语文和学生是评价的两个要素，对这两个要素有一个准确的认识，是进行教育评价的基本前提。在此基础上，教师可以根据具体情况实施多样化的评价。就目前而言，常用的评价方式主要可分为定量与定性两种。定量包括考试与考查，定性则包括评语、成长记录袋。

（1）定量评价

考试作为一种评价方式，是检测教育成果的重要依据。随着人们教育观念的改变，应树立先进的考试观，改革语文考试的内容。考试要与社会实际和学生生活经验紧密联系起来，对学生分析问题和解决问题的能力加以考察。另外，考试的形式应多样化，如笔试和口试相结合，闭卷和开卷相结合等，还可以让学生进行自主命题、自选试题等。

考查通常也含有考试的性质，但在成绩的评定上采用等级制。通过考察，通常能够对学生的观察能力、思维能力等非智力因素有一定的了解。考查的形式有口试、笔试（多为开卷）、调查和日常观察等。考查法要注意及时评价与分析，还要注意将日常考查和总结性考查结合起来，对学生的语文学习情况有一个全面认识。

（2）定性评价

评语法是最常用的传统定性评价方法，主要指运用口头语言或书面文字，对学生在语文学习中的表现作出评判，并得出相应的评价结论的方法。评语法包括口头评语和作业书面评语两种形式。其中，口头评语最为直接快捷，能够有效地将自评、互评、师评结合起来，进而对学生产生重要的影响。书面评语相对而言，具有一定的滞后性，常常要求评价妥帖，书写规范，风格自然。

成长记录袋又称"档案袋"，是颇受欢迎的一种定性评价方法。以往评价仅仅局限于语文书本，而成长记录袋评价方法将评价的角度拓展到课外、社会、家庭，甚至联系其他学科对学生的发展进行综合性的评价。语文成长记录袋通常有一个明确的主题，如语文各单项考核成绩报告单、研究性学习的小论文、诗文摘抄、获奖记录、作文集等，是学生在教师的引导下，有目的有计划地在语文学习实践活动中留下的串串足迹。因此，学生在创建语文成长记录袋的过程中，能清晰地看到自己的成长历程，感受自身语文素养的不断提升，减轻了盲目竞争带来的焦虑。成长记录袋的评价方法极具人文性，但是要在教师的指导下进行，尤其在班额较大的情况下，要避免成长记录袋在无人关注中走向自生自灭。

一直以来，教育界过多注重语文教育评价，尤其是对学生的学习结果的评价，认为"语文课程评价的目的不仅是为了考查学生实现课程目标的程度，更重要的是为了检验和改进学生的语文学习和教师的教育，改善课程设计，完善教育过程，从而有效地促进学生的发展"。因此，形成性评价与定性评价应该受到更多关注，而如何正确评价教师的教育已成为备受关注的问题。

六、小学语文教育资源的开发

只关注"教育大纲""教育计划"和"教科书"的传统课程观已不能适应时代的发展，新课改强烈呼吁教师树立课程意识，开发和利用多种教育资源。

对于小学语文教育资源的开发与利用，新课标的相关建议包括：①语文课程资源包括课堂教育资源和课外学习资源，例如：教科书、教育挂图、工具书、电影、电视、网络、报告会、演讲会、辩论会、图书馆、博物馆，等等。自然风光、文物古迹、风俗民情、国内外的重要事件等都可以成为语文课程的资源。②学校应积极创造条件，努力为语文教育配置相应的设备；还应当争取社会各方面的支持，与社区建立稳定的联系，给学生创设语文实践的环境，开展多种形式的语文学习活动。③语文教师应当高度重视课程资源的开发与利用，创造性地开展各类活动，增强学生在各种场合学语文、用语文的意识，多方面提高学生的语文能力。

随着课程标准的推出，"课程"意识逐渐引起重视，每一名教师都承担着课程资源开发的重任。对于课程资源，可以从以下几方面进行理解。

（一）语文教科书是最核心的语文课程资源

随着社会的进步，语文教材的概念不断扩大，包括教科书、教育指导书、课外读物、教育挂图、幻灯片、录音带、录像带等多方面内容。但事实上最核心的语文课程资源仍然是语文教科书。

（二）语文教师和学生等是极为重要的人力课程资源

语文教师、学生、家长、语文学科研究者、作家等人力资源也是十分重要的课程资源，在整个语文教育过程中有着不可忽视的作用。教师和学生本身就是很重要的课程资源。教师的学识、思想品质、道德修养等，在学生眼中，都是学习的典范，是活的课程资源。而学生的个性与差异性，对于教师而言，也是重要的可参照的课程资源。

（三）教育硬环境是不可忽视的语文课程资源

如果说人力课程环境被视为教育软环境的话，那么教室、校园、社区等则是与此相应的教育硬环境，具体包括以下几个层次。教室里的特色角，如生物角、展示角、图书角等；学校里的图书馆、资料室、电子阅览室、布告栏、报廊等；社区里的博物馆、展览馆、科技馆、自然风光、文物古迹等，都是可以利用的重要的课程资源。

（四）在广泛开发课程资源的同时应做到合理利用

随着课改的不断深入，越来越多的教师对新课程观有着更加深刻的理解，他们意识到对课程资源进行开发和利用的重要性。在教育过程中补充相关的资料，引进其他学科的知识，运用多媒体设备，将会极大地拓展教育空间。需要注意的是，在对课程资源进行广泛开发的同时，还应合理地利用。

1. 结合教育实际

在教育过程中，在对课程资源进行利用时，应综合考虑教师教育修养的现实水平、学生的实际情况、具体的教育目标与教育内容等。

2. 紧扣语文特点

新课标要求语文教育应注重课外资源的引入以及学生的自主合作学习，因此，小学语文课堂变得丰富而热闹，形式多样化。不少教师为了激发学生兴趣，使课堂变得丰富多彩，常常精心制作课件，以至于上课时学生很少有时间读书，也很难认真去品味语言之美。由此可见，流于形式的自主合作探究使得语文课堂忘记了语文最本质的要求，成为脱离言语活动的游戏课堂。

3. 加强整合与提炼

教师常常让学生课前搜集资料，但在课堂上交流时，学生准备的资料大多派不上用场，甚至连展示的机会都没有。而那些在课堂上用到的资料，也由于在事前缺少整合与提炼，无法达到应有的效果。因此，如果在课堂上需要用到某些相关资源时，在使用前应先进行整合，提炼转化成自己的语言。

第二节　小学语文教育的中观策略

一、学期教育计划的制定

（一）学习课标，领会纲领

学校在制定学期教育计划的时候，会参考一定的课程标准。课程标准是根据党的教育方针和教育计划，由国家教育行政部门制定和颁布的教育工作指导性文件。它对各个学科的课程性质、课程理念、课程目标以及各学段教育目标的设置都有一定的指导作用。语文教科书也是在语文课程标准的指导下完成编写的。语文教师只有领会了语文课程标准的精神，才能为学生制定合理的教育计划，正确把握教育的内容。

（二）熟悉教材，统观全局

小学语文教师必须在把握语文课程标准的基础上熟悉语文教材，从整体上把握语文教材的内容、编写体例、各单元之间的联系，明白编者对各单元课文编排的意图，力求对教材的系统性进行一个全局的把握，做到心中有数，有的放矢。除此之外，教师还应该尽可能地对教材的前一册和后一册进行通读，使自己能够对前后的知识点进行串联，更加系统地把握整个语文教材。

（三）了解学生，掌握情况

教师对学生全面清楚地了解，才能更好地掌握每个学生的特点，做到"因材施教"。如果自己的学生是一年级学生，那么教师在有可能的情况下还应该对每个学生的家庭进行了解。教师对学生的了解应该包括以下几个方面，如学生的性格特点、兴趣爱好、原有的知识基础、生活习惯以及家庭环境、家长的教育方式等。如果教师是在中途接管一个新班级，那么应在学期开学前对这个班级学生的情况进行全面了解。诸如学生的学习态度、对语文课程的认识、学生原有的知识水平、学生之间的差异等。了解新班级的具体方式有：召开学生座谈会；分析学生上学期的试卷；征求学生意见等。即使是一个连任的班级，教师在学期初也应对学生的情况做一次总体分析。

（四）统筹兼顾，制定计划

教师在全面统筹的基础上，制定合理的学期教育计划就显得非常重要。具体来说，学期教育计划的内容包括以下几个方面。

1. 分析班级情况

它主要是指教师分析学生的基本技能、基础知识、学习习惯

13

等情况。同时，教师还要分析班级的学期发展情况，甚至是学年的变化情况。

2. 分析本学期教材内容

它主要是指教师对教材的分析情况。具体来说教材分析包括以下几个方面：教材内容，课后练习，单元顺序的特点、目的、作用等。

3. 明确本学期教育总目标、教育重难点

在课程标准的指导下，教师要从全册教材内容和特点出发，制定符合学生实际的教育总目标及教育重难点。

4. 制定提高教育质量的措施

教师应该定期实施一些教育措施来提高教育质量，如制定相应的方法来帮助成绩较差的学生，培养学生的学习兴趣及学习习惯，制定正确有效的课堂提问策略等。

5. 制定合理的学期教育进度

制定合理的学期教育进度包括教育内容、、教育要求、课时数、教育准备等内容。

二、单元教育计划的制定与实施

单元教育计划对课时教育计划起着重要的指导作用。通常情况下，单元教育计划包括本单元教材简析、教育目标、教育重难点、教育进度安排等内容。在制定单元计划时，教师应注意以下三个方面的内容。

（一）正确理解教育单元

小学语文教材的教育单元在编排上大多是通过某一专题达到让学生识字写字、口语交际、写作练习的目的。教育单元的安排具有一定的灵活性，教师可以根据教育对象及教育条件的不同，对同一教育单元做出不同的安排。

（二）明确制定单元计划的步骤

制定单元计划的步骤，应从以下几个方面进行：

第一，研读单元教材内容。教师应了解各单元的教育内容以及各单元之间的相互联系，明确单元内容的教育目的及教育重点等。

第二，明确单元教育目标。教师应提出的识字写字、阅读、习作、口语交际、综合性学习五个方面的学习目标，结合教育实际以及本单元的相关内容来制定合理的教育目标。

第三，制定合理的单元教育进度，形成相对完整的学习内容体系。

（三）明确制定单元教育计划的基本要求

制定单元教育计划，应该明确以下几个方面的要求：

第一，要有明确的目标。教师要始终明确教育单元的学习目标，包括知识与能力、过程与方法、情感态度与价值观等。

第二，教师要合理安排教育时间，并对教育时间留有一定的余地。

第三节　小学语文教育的微观策略

小学语文教育微观策略多指课堂教育中的策略，即在一堂课的教育目标已经确定之后，有针对性地组织教育的决策和设计。在此过程中，教师随时要解决课堂上学生学习动机、注意力、思维、情绪、学习节奏等问题，处理课堂上的意外事件。

一、小学语文课堂教育的基本环节

课堂教育环节的划分，因课型的不同而有所不同。依据课型，课堂教育可分为新授课、练习课、复习课等。

（一）导入

导入即导入教育内容。导入这个教育环节所起的作用有很多：如它可以安定学生的情绪，把学生的注意力集中起来，把学生的学习兴趣激发出来，并向学生明确学习目的，建立知识间的联系。导入的形式多种多样：如直接导入、联系旧知识导入、利

15

用名言警句导入、设置悬念导入、故事导入、创设情境导入、审清题意导入、实物演示导入，等等。无论选取什么样的形式，都要有目的性、针对性、启发性和趣味性，让学生明白本课堂将要学什么、为什么学、怎么学。

设计、运用好导入，就代表教育成功了一半，它需要教师对教材有深刻的理解，并要进行精心的再创作。教材内容和学生的实际情况是选择导课形式和方法的主要依据，因此不可随意、轻率。导入在语言方面要做到精练，设问或讲解能引人入胜，激起学生的学习情趣和学习动机，让学生的情感和注意力迅速指向所学内容。导入的时间要把握好，不能太长，控制在 2~3 分钟内即可。如果导入时间太长，就会喧宾夺主，影响下一个环节的进程，进而影响新课的教育。

（二）教授新内容

教授新内容是上课中的主体环节。在这个环节里，教师要注意抓住教育重点、难点，以便对学生进行语文基本功训练。在这个环节里，教师要注意师生、生生之间的互动，把提问、讲解与学生读书、思考、讨论、探究进行有机的结合，以协调发展学生的知识能力与方法、情感与价值观。检查预习和围绕教育重点、难点分步实施教育是教授新内容这一教育环节的必经过程。

1. 提问

提问，即教师在课堂教育过程中为了引起学生思考及其言语反应，有意有目的性地向学生设置问题，以达到教育目标的行为方式。可以说，设计、运用好一连串精彩的问题，是一节好的语文课的重要标准。由此可见，在小学语文课堂教育中，提问有着非常重要的意义。

2. 讲解

讲解，即教师在课堂教育过程中直接运用语言向学生传授知识的教育行为。讲解，可以启发学生的思维，表达教育思想。课堂讲解的语言要求准确、形象、具体、生动，以能在较短的时间内达到向学生传授全面而广泛的知识；讲解应该要把难以理解的、枯燥乏味的问题变得通俗易懂、生动有趣；讲解应该把看不到的情景描绘得栩栩如生。优秀的讲解，可以陶冶学生的感情，激发学生的求知欲，提高学生的审美情趣等。

3.板书

在教授新内容这个环节里，教师除了向学生设计必要的提问、进行讲解外，还应板书一些必要的知识点。

实际上，更为重要的是，教师应把读书贯穿到课堂教育的全过程中，引发学生在读书中思考，并积极地进行讨论和探究问题，以尊重学生在课堂教育过程中的独特体验。

（三）结课

教师在完成某项教育任务后，需要对教育内容进行总结和归纳、转化升华。这种教育行为就是结课，即课的收尾，也叫断课，或教育小结。结课所花费的时间不应该也不能太长，几分钟即可。结课在课堂教育中有着很重要的作用。它就相当于聚光灯，将学生的知识聚集起来，帮助学生把感性认识上升为理性认识，使学生能够掌握所学内容，难以忘记。

结课的形式多种多样，有总结式、畅想式、悬念式、抒情式、表演式、激发式、欣赏式、延伸式等。至于选择哪种结课形式，其重要的依据就是教育内容和教育对象，使内容和形式达到统一。

二、小学语文课堂教育的预设与生成

一般而言，课堂教育是预设的，也就是说，一堂课的教育过程，需要预先进行精心的设计，成为教案，然后实施。然而，由于教育工作对象是人，人本身又具有能动性，这就决定了课堂教育有生成性，传统教育主要以凯洛夫等人的教育论"三中心"（"教师为中心""书本为中心""课堂为中心"）为指导，即便如此，课堂教育也存在一定的生成。新课改之后，人们更加强调学生的主体意识，因而也就更凸显了课堂教育的生成性。然而，

"预设"与"生成"并不是矛盾关系，而是反对关系；"合理预设"是"优质生成"的必要条件。

（一）"预设"与"生成"不是矛盾关系而是反对关系

凸显、强调生成，并不必然地要淡化预设。从逻辑的角度来看，预设与生成并非互不相容，并非矛盾关系，而是反对关系。一般而言，"预设"是提前设置，"生成"是在具体情境中自然长成，实际上二者却是共存的。"生成"并不是毫无基础，它不能离开"预设"。"预设"由"生成"实现，"生成"诞生于"预设"之上。

（二）"合理预设"是"优质生成"的必要条件

"预设"是"合理"的，它是符合学生、教材、教师的实际情况的教育设计；"生成"是"优质"的，它是根据课堂的实际情况及时做出科学的反馈与修正。在教育实践中，"合理预设"是"优质生成"的必要条件。从教育论意义的角度来看，成功的教育活动都离不开充分的准备，或者说备课。教育者如果对教育内容、教育对象及自身都没有足够的了解，那么，很难上出一堂优质课的。因此，没有"合理预设"，就没有"优质生成"，前者是后者的必要条件。

对于一个教师来讲，课备得科学又合理，他在课堂上就应该是发挥得游刃有余，能够及时关注到学生的当堂反应，并有能力处理课堂的一些意外事件，做到教育最优化。但是，也并不都如此。比如有的教师认为自己的备课已经做得非常好了，结果在课堂教育过程中忽视学生作为人的鲜活个性和思维活跃性，还有可能处理不好一些非教育意义的课堂突发事件。这些都会影响"优质生成"的效果。

综合上述认识，预设与生成的关系是并存的。从广阔的视野来看，如果没有合理的课前准备，也就不会产生优质的课堂教育；当然，做好了课前准备，也并不必然能生成一堂优质课。

小学语文课堂纵然有自己的特色，但就预设与生成的关系而言，它与所有课堂又是一样的。因此，从逻辑的角度来认识预设与生成的关系，这对小学语文教师理清新课改观念是非常有帮助的。

三、小学语文课堂教育的反思

教育反思主要是对活动进行逆向思考和对之前的状况进行思考。要实现教育优化，必须要进行教育反思，而教育优化又是教育反思的促进动力之一。

（一）教育反思的意义

第一，教育反思是教育优化的必由之路。从辩证唯物主义认识论的角度来看，人类要经历"实践认识再实践再认识"的过程才能更好地认识客观事物。积极反思是人类进取的标志。教育反思包括反思教育活动本身，反思自身素养，反思教育材料。教师积极地进行教育反思，有助于培养学生的反思意识和能力，有助于学生语文素养的全面提升。

第二，教育反思是教师专业化的需要。一个教师的成长＝知识＋经验＋反思。反思属于元认知，是一种体验后的调控。通过积极有效的反思，可以不断更新教师的教育观念，改善其教育行为，提升其教育水平；通过积极有效的反思，教师可以在学生的"错误"、自身的"失败"、教材的"局限"中寻求发展、出路和进步；通过积极有效的反思，教师可以从冲动的、例行的行为中解放出来，实施教育行为时更加审慎；通过积极有效的反思，还可以使教师从教育主体、目的和工具等方面，从教育各个环节中获得体验，变得更加成熟。因此，教师取得特定实践成就、走向解放和专业自主的重要途径就是进行积极有效的教育反思。

（二）反思的主要内容

1. 学习内容的反思

人们提倡"要打破唯教材中心论""要创造性地使用教材"的教育理念。但是，应该看到，这教育理念倡导的前提是教师必须要深入地钻研教材、理解教材。如果片面地理解"创造性地使用教材"，甚至抛开教材进行发散，就很可能走上另一个极端；如果随意地拓展知识内容，忽视语文课的本体训练，那么，就很难把语文教育的质量提高。因此，教师应该重视对学习内容进行积极有效的反思。

2. 学习方式与教育组织的反思

关于学习方式与教育组织的反思，主要针对的是现实中教育者对学生学习"自主""合作学习"的异化。

（1）"自主"的异化与还原

在如今现实的教育实践中，课堂教育方面存在一种教育者片面追求"个性化"教育的倾向。例如，当今阅读课上，流行的是让学生自读课文、自定学习内容、自选学习方法。表面上看，这似乎是高扬了学生的主体精神，把认识活动提升到了生命活动。然而，"自主"并不等于"放任自流"。从人性的角度来看，小学生是自主选择了，但在选择的过程中通常是避难就易，从而也就无法达到培养小学生主体精神的目的，影响大多数小学生的学习，导致课堂教育质量无法得到有效的提升，甚至出现直接的下滑。

学习者要做到自主学习，要求其心理达到一定的发展水平，要具有内在的学习动机，并具备一定的学习策略。因此，小学生的自主学习是在自我意识充分发展的基础上，明确自己学习行为的目的性，并有能力自觉监控自己的学习活动。而这些也都离不开教育者的引导。

（2）"合作学习"的异化与还原

在当前的课堂教育改革中，"合作学习"的主要形式就是把学生分若干小组学习，这被广大教师所采用。然而，在实际的课堂教育过程中，不少教师对合作学习的理解是比较僵化的，只是片面地追求所谓小组学习的形式，其进行的一些合作与探究毫无意义。

因此，合作学习应该要有自己的组织原则与组织时机。

合作学习的组织原则：合作学习的前提是要有独立的思考；合作时有明确论题及组织；小组中所有学生都要真实参与。

合作学习的组织时机要准确把握、运用。一般而言，当课堂教育中出现以下几种情况时，就可以考虑使用合作学习。

第一，出现了新知识，需要培养探索、合作能力；

第二，遇到了所有学习者都企盼解决的问题，而仅仅依靠个人能力无法实现；

第三，学习者意见不一致，且存在争论。

总之，小组式合作学习并不是用得越多越好。使用小组式学习时，应该要充分考虑学生的学习习惯、学习能力等因素，相机合理组织，从而更好地发挥小组式合作学习理想的作用。

3．自身语文素养的反思

与其他教师不同，小学语文教师的素质要求并不以知识为主体，而是以运用语言的能力为主体。因此，小学语文教师应做到以下几点：

（1）掌握一定的语言文字知识

小学语文教师需要掌握的语言文字知识，如现代汉语词汇、语法、语用知识，现行汉字基本知识中的造字法、汉字结构、汉字规范化知识、词源知识等。掌握了这些知识，有助于语文教师理解教授词义、上溯字源，了解词与词之间的关联，建立词义系统结构。

（2）锤炼口头表达能力

口头表达能力既要求"语音标准"，又要求"情感丰富"，而具体到小学语文教师的识字教育中，更为重要的是语音标准。毕竟小学生重要的任务正是学习语言，其年龄阶段也是学习语言的最佳时期，小学语文教师特别是启蒙教师，其普通话水平对小学生的方音程度产生直接的决定作用。对此，小学语文教师的应努力克服方言语调，确保自己的普通话水平达到二甲以上。另外，无论是课堂上还是在与学生交流的日常生活中，都要坚持讲普通话。至于"情感丰富"这一要求，应直接体现在教育常规语言中，同时还应该集中表现在态势语辅助汉字教育中。小学语文教师应该要有意识地使自己的表达"情感丰富"，对学生产生感染力。

（3）提高板书能力

小学语文教师应具备一定的板书能力，其最低要求就是不能写错字，笔顺也要做到规范。此外，要保证使用楷书来书写，争取做到有力、个儿大，以便于学生的辨识，从而减少视觉的疲劳。

（4）提升思维品质，做创新型教师

小学生正处于好奇心、探索欲特别强的年龄阶段，如果小学语文教师不经常思考，就可能会对学生提出的问题回答不上来，也无法指出大致的思考路径。这不仅影响到小学生当时的兴趣保持，也很难培养其创新思维。经常进行思考，积极进行创新，这关乎一个教师的教育态度与能力素养。

四、小学语文课堂教育实务管理策略

（一）学生学习动机管理策略

小学语文课程与教育致力于培养学生的语文素养。然而，在小学生的意识里，断然没有什么语文素养的概念。也就是说，小学生没有自觉地想到要提高自己的语文素养，对自己学习语文的目的、动力认识很模糊。因此，教育者在语文课堂上应加强对小学生学习动机的管理，其具体策略可参考以下几点。

1. 从语文课堂教育的整体视角看

从语文课堂教育的整体视角看，管理学生的语文学习动机重在培养，首先是调整语文课堂教育的目的，其次是课堂教育应突出年段特点。

（1）调整语文课堂教育的目的

从语文教育整体视角来调整语文课堂教育的目的，是管理学生语文学习动机的出发点。教育语文以热爱为目的，就可以超越认识的局限性。因为这样可以升华其他目的。创造过程三阶段：第一阶段是即兴，第二阶段是酝酿，第三阶段是灵感。这三个阶段就是人的兴趣不断升华的过程，在此过程中，热爱可以保持和增强兴趣，从而实现创造更内在的动力。

由上述可知，语文教育以热爱为目的才能真正创造语文，也只有以兴趣和激情为始点，才能发生创造。

（2）语文课堂教育应突出年段特点

在小学阶段，低年级和中高年级语文课堂应该符合相应阶段学生的学习特点和学习水平。例如，低年级的小学生还处于"游戏时期"，对于现实与虚拟之间的不同还不能很好地进行区分，他们对情境饶有兴趣，并喜欢通过游戏的方式学习。因此，对于低年级的小学生语文课堂教育，应该要突出趣味性，以此培养他们热爱语文，学好语文的动机。中高年级的小学生，游戏因素在他们兴趣上的作用逐渐降低，语文课堂就应该趋于理性。

2. 从语文课堂教育具体操作方法看

从语文课堂教育具体操作方法看，管理学生的语文学习动机重在激发。为此，教育者在课堂教育中应做到以下几点。第一，注意教育的良好开端，激发学生学习兴趣。第二，科学地组织安排教材，注意教育内容的新颖性。第三，端正教育态度，建立良好的师生关系。第四，及时表扬和奖励学生，使他们进入学习的良性循环。

总之，管理学生的学习动机，就要做好培养和激发两方面的工作。

（二）学生注意力管理策略

小学语文课堂教育中，学生注意力的管理既要遵循小学生的心理特点，也要遵循语文教育的规律。小学生注意力的发展主要表现在注意的自觉性和注意品质的完善程度上。具体表现为：第一，有意注意逐渐发展，无意注意仍起作用；第二，注意的范围仍有限；第三，注意的集中性和稳定性较差；第四，注意的分配和转移能力较弱。因此，小学语文课堂上，教师管理学生的注意力应做到以下几点：一是要充分利用无意注意，激发学生的学习兴趣；二是启发有意注意，培养学生学习语文的自觉性；三是多用暗示的方法去组织学生的注意力，如利用手势、提高音调、行间巡视或个别指点等；四是多用眼神调节学生的注意力；五是应注意严格有度。

在课堂教育操作方法上，管理学生的注意力可采用以下策略：

第一，把握最佳时间——集中学生的注意力。

第二，搞好形象直观的演示——吸引学生的注意力。

第三，进行多种形式的练习——稳定学生的注意力。

第四，巧用课间律动——避免学生注意力的分散。

第五，让学生主动参与学习——保持学生的注意力。

（三）学生思维管理策略

课堂中管理学生的思维，所要面临的现实基础是：小学生思维是感性成分多，理性成分少；形象成分多，抽象成分少；群体中个体思维差异较大，发展不平衡。为此，教育者应该激发、鼓励学生思考，创造条件促使学生思考，使其从具体形象思维向抽象逻辑思维过渡，关注学生思维的敏捷度、灵活度以及思维的深度与广度等，让学生在语文学习中形成具有个性的创新思维方式。

（四）学生情绪管理策略

在小学语文课堂中重视学生的情绪管理，有利于学生身心健康，也有利于课堂教育的高效。小学语文课堂上管理学生的情绪首先是预防学生不良情绪的发生，为此就要弄清楚引起学生不良情绪的因素，善于发现学生的不良情绪，并给予高度的重视，帮助学生培养积极健康的学习和生活情绪。其具体策略如下：第一，从学生的层面体察语文，语文是学生形成良好情绪的教科书。教育者应该善于通过课文中典型人物的言行举止，让学生认识到真善美和假丑恶，从而使其获取正确的价值观，产生向上的积极情绪。第二，教育者在语文课堂上应充分运用表扬奖励等手段，可以较好地管理学生的情绪。第三，建立民主、平等的师生关系，建设平等和谐的课堂文化可以帮助学生养成积极健康情绪。第四，语文课堂上多给学生提供积极的情绪体验。第五，通过课堂制度培养小学生控制和调节情绪的能力。第六，建设良好的课堂生态环境，使学生更容易产生积极的情绪。

（五）学生学习节奏管理策略

小学语文课堂上管理学生学习语文的节奏，就是要让语文课堂教育节奏符合学生学习语文的规律，符合学生年龄特点。一堂优秀的语文课，其节奏应该是动静结合、张弛有度、疏密相间、起伏有致、整体和谐。

（六）意外事件的应急处理

在课堂教育上，经常会出现各种各样的意外事件。有的意外事件来自学生思想的旁逸，对此，教育者应怀着一种尊重之情来处理。有的意外事件来自学生的出错。但是，这种错误可能就是一次非常好的教育契机。教育者应该用宽容之心，慈爱之情，从学生的错误中敏锐地获取合理的因素，化"错"为"对"，激活教育，让学生的错误生出智慧。此外，有的意外事件还来自学生行为失当，来自特殊的学生，来自教师的言行失误，甚至可能与课堂教育内容无关。教育者无论采取什么具体的策略处理课堂上这些不可避免的突发事件，都应该遵循以下原则：第一，正视意外、善待意外。第二，尊重学生、理解学生。第三，自我批评、加强修养。

第二章　小学语文教育创新设计

第一节　小学语文教育创新设计的概念、特征与分类

一、教育设计的概念分析

（一）教育设计有广义和狭义之分

从内容上看，教育设计有广义和狭义之分。广义的教育设计指的是把课程设置计划（总体规划及各门具体课程计划）、课堂教育过程、媒体教育材料看作教育系统的不同内容层次所进行的系统设计；狭义的教育设计就是指对某一门课程或某一教育单元、单课或某一项培训这些较小教育系统的设计。无论是广义还是狭义的教育设计，一般都包括目标、内容、结构、课时、方法、媒体、场所、人员、测验等组成部分。若没有特指，学校中的教育设计是指教育单元或单课的设计。

（二）教育设计是由一套系统化步骤（或程序）构成的过程

教育设计就是运用系统方法分析研究教育过程中相互联系的各部分之间的问题和需求，在连续模式中确立解决它们的方法与步骤，然后评价教育成果的系统计划过程。"教育设计"一词包括教育系统开发过程的所有阶段（分析、设计、开发、实施和评价），"设计"一词既指整个过程，也指其一个主要的子过程。它是一套帮助教师系统化地准备教育、对教育系统做出决策的方法。从方法角度给教育设计下的定义还是以加涅的表述最为简洁。教育系统就是促进学习的资源和步骤，因此"对用以促进学

习的资源和步骤作出安排"就是教育设计。

教育设计作为一个系统计划的过程,是应用系统方法研究、探索教育系统中各个要素之间的关系,并通过一套具体的操作程序来协调配置,使各要素有机结合以完成教育系统的功能。

教育设计是"把学习与教育的原理转换成教育材料、活动、信息资源和评价方案的系统化和反思性的过程"。这种教育设计观重视设计的具体过程,所以也称作"设计过程为中心的教育系统设计",相应的设计模型叫作教育系统设计的过程模型。这些模型有它们一定的优势,即强调设计的基本环节,具有一定的可操作性,比较适合指导教师备课的单元或单课设计,并在教育设计领域有着广泛的应用。在我国高校教育技术专业的教科书中这类模型一直占据着主导地位,而在教师的专业培训领域也大多采用这类模型。

(三) 教育设计是解决教与学问题的过程

任何教育设计理论的基本前提都是为学习者的学习而设计教育,从这一点来讲,学习者的学习问题就是教育设计者应解决的根本的教育问题。除此之外,为了解决学习问题而必需的各种条件(如资源、媒体、环境等)方面的问题也构成了设计所必须面对的教育问题。问题就是人不具备跨越所在的此岸与欲去的彼岸之间裂缝的方法时所处的一种情境。因此,教育设计为了解决各种教育问题,跨越"裂缝",就必须理解教育问题的实质,发现解决教育问题的途径,然后提供解决教育问题的方法。

二、现代教育设计的主要特征

(一) 教育设计是"学习者中心"

"学习者中心"表达的是以人为本、基于学习与知识创新的现代教育设计理念。"学习者中心"的教育设计意在强调把学习者而不是把某 ID 模型的程序作为教育设计活动的聚焦点,一切设计活动均围绕有利于学习者学习与发展的教育实践而展开。而不是依照设计的流程而展开学习者中心的教育设计关注人类学习研究的新成果并以教育发展的系统科学观为基本依据。"学习者中心"的教育设计强调要以学科内容知识为依托，通过设计各种促进学习的过程和资源，帮助学习者有效地解决问题，引导他们树立创新意识，实现整体和谐发展。一言以蔽之，有利于学习者的学习与发展，既是现代教育设计的基本出发点，也是现代教育设计的目的地。达成这一追求的道路在于：通过对课程教育的重构，实现对学习的重构。

（二）教育设计是目标导引的

界定明确的项目（如教育任务）目标是教育设计过程的中心。目标要反映用户（如教师或学生）对项目的预期，且必须得到所有设计成员的认同。在目标的指引下，要对目标的实现做出清晰的安排和管理，以保证项目的适当实施。目标也是评价一个设计项目是否成功的根本参照。制定目标不是为了限制学习者的活动，而是在于连接学习环境中的各个子系统，对学习者的问题解决进行导航，使学习者有限的认知资源聚焦于主要任务，激励各种社会性的协作，调动各种可利用的资源支持。

（三）教育设计关注真实世界中的表现

教育设计的优势功能并不在于帮助学习者简单回忆信息或者运用某种规则，而在于帮助学习者如何能够更好地完成将会在真实世界中发生的行为。为此，设计者要给学习者阐明学习目标，而且这些目标必须表明期望学生运用所学知识和技能的环境。这样，就要求学习环境和实际任务场景具有高度的一致性。

（四）教育设计强调评价手段的信度和效度

现代教育设计的评价环节强调要对学习者的各种"表现"做出适当的评价。这就要求设计者开发的评价工具必须是有效的和可信的，即评价手段跟学习内容及学习者表现是一致的，评价结果在不同时间和对不同个体是稳定的。信度和效度互为前提保证，如果评价是不稳定的，则无效度而言，当然，一种与学习内容不一致的评价，自然不可信。比如，针对技能型任务学习的评价，要设计一套供评价者观察学习者在完成任务的过程中展现各步骤操作技能的客观性标准，这些标准依照任务类型及要求而定，不因人而异，也不因时间、地点而异。而若用纸笔测验来检验技能型任务学习则是无效评价。

（五）教育设计是经验性活动

数据收集是教育设计过程的基本活动，从一开始的分析阶段到项目的实施阶段，数据搜集贯穿教育设计过程。数据为制定决策提供了合理的依据，也为成功地完成项目奠定了基础。因此，设计与实施是整合的、不可分割的。关于设计本身最有价值的认识往往来自启动与实施设计项目过程中的经验，实际场景中的实施和基于理论的设计是同等重要的。所有设计规划都需要在具体的实施中去修正、完善，或者抛弃。

（六）教育设计是典型的多学科交叉的团队协作活动

教育设计通常需要借助团队的集体努力，需要具有不同专门技能个体的共同参与，甚至需要用户的参与。学科专家、专业教育设计者、计算机程序员、图形艺术设计师、制作人员、项目管理者等，往往是一支专业设计团队必不可少的成员。

三、教育设计的分类

按照不同的分类标准，教育设计可以做不同的分类。

（一）按设计行为所涉对象分

按设计行为所涉的对象，教育设计可以分为三类：自我设计、对象性设计和互动设计。

教育设计活动涉及自我设计、对象性设计和互动设计。从教师的视角考察，考虑教师如何教育、教什么的属于自我设计；主要考虑学生如何学、学什么的就属于对象性设计；而主要考虑教与学、学与学如何互相适应的设计则属于互动设计。

（二）按设计行为所涉过程分

按设计行为所涉过程，教育设计可以分为三类：事先设计、事中设计和事后设计。

事先设计又称预设性设计；事中设计也称生成性设计；事后

设计又称反思性设计。预设性设计属于结果性设计，事中设计和事后设计属于过程性设计。教育设计活动通常为过程性设计与结果性设计的综合。

(三) 按设计行为的层次分

按设计行为的层次，教育设计可以分为宏观设计、中观设计和微观设计。

将课程设置的总体规划及各门具体课程计划、课堂教育过程、媒体教育材料视为教育系统的不同内容层次而进行的系统设计即为宏观设计。宏观设计以课程计划、课程标准和教育模式为成果表现形式。中观设计则是依据课程计划、课程标准，针对某一门课程的设计，通常以教材为成果表现形式。微观设计是依据教材及相关教育资源，对某一学期、某一单元或某一课时而进行的系统设计，成果的主要表现是教育方案。

尽管作为教师需要对宏观、中观和微观三个层次的教育设计都要有所了解，但从教育实践看，教师主要还是关注微观层次的教育设计。

(四) 其他分类

教育设计还可以从其他角度以不同的标准进行分类。按设计行为是否涉及情境，教育设计可以分为境遇性设计和去情境设计；按设计行为的意图可以分为有为设计与无为设计；按教育内和对应的时长可以分为学期教育设计、单元教育设计和课时 (课堂) 教育设计；按教育设计所涉的要素可以分为教育目标设计、教育内容设计、教育过程设计、教育方法设计等。

四、教育设计研究的发展趋势

(一) 教育设计研究的价值取向将更加注重科学与人文的整合

教育设计者应本着"育人"的根本教育目的，冷静地对待技术。使人文思想、人的价值、人的精神永远不被忽略。教师的地位永远也不能由机器来替代，即使某些场合需要机器承担教师的角色，也不会成为主流。教育领域内必须崇尚科技与人文的平衡发展，才能最终使教育为人类服务，促进人类进步。

（二）教育设计研究的理论基础与教育心理学、系统科学理论的结合更紧密

教育设计将不断从其他学科中吸取新的科学成果，如系统科学中的系统与要素、目的与反馈、结构与功能、有序与无序、过程与状态等若干范畴对教育设计具有方法论的意义；再如认知理论中的学习、认知、人类信息加工、感知等的研究将不断改变我们的教育现实；辅助式教育策略、发生式教育策略以及学生的情感领域的教育策略等都将是教育设计中更加强调的方面。

（三）教育设计研究趋向多元化

教育设计的基本要素的研究将会侧重以下几方面：

1. 教育目标设计更加注重学习者社会生存能力和社会发展能力的变化

教育目标的分析一方面注重逻辑性和网络结构；另一方面要包括"如何学习""如何与他人共事"等新的要求。

2. 教育策略的设计更趋向个别化教育，以学生为中心

教育内容上更为丰富，信息量更大；教育媒体上更为多样；教育方法上更贴近人的思维方式，如超文本、超媒体的学习资源等。

3. 教育评价设计以人为本，提倡个性发展的变化

评价不再以简单的分数划分等级，而是以认知结构的同化、顺应、重构和迁移来体现学习者的能力。根据不同认知结构的变化，肯定学习者的努力，以积极鼓励的态度，提倡个性的发展，而不是千篇一律的产品化教育。

4. 教师将成为知识或信息的引导者

现代教育设计中教育是在教师、学生、教育环境和教育资源中进行。教育资源包括传统教育资料和现代教育信息库以及教师——学生、学生——学生、学生——教育资源的多渠道、多形式和多种信息刺激的学习模式，这样一个复杂的教育系统中，其

构成要素都有不确定性和复杂性，这就要求教师要不断提高素质，教育设计人才的培养将日益受到重视。

五、教育设计研究进一步加强与科技的结合

（一）人工智能与专家系统

基于教育策略的课件、电子作业支持系统、群件、积件四种类型。基于教育策略的课件是指运用相应的教育策略于课件之中，尤其是利用计算机作为教育手段如何达到最佳教育效果；电子作业支持系统是指一种具有"及时学习"或"即求即应"学习功能的课件类型；群件指能支持群体或小组进行合作学习的一种课件类型；积件是指基于多媒体的教育素材元素或知识单元。这些系统比过去围绕一系列目标只教一个学习者的状况更有广泛的适应性。

（二）互动技术的研究

新的互动技术（如 CD 互动、数学视频互动等）开始用于教育传递方面，它们与录像、计算机、电话系统、印刷系统联姻，大大增加了对视听材料数字信息的密度和加工能力。互动技术对教育设计的贡献将是巨大的。

（三）多媒体技术应用

多媒体技术的迅速发展为教育形式、教育手段、教育方法以及教育思想的改变提供了更多的可能性。主要的研究趋势和热点有：虚拟现实、电子出版物、超媒体技术等。

（四）网络教育的应用

网络教育的应用将成为教育设计应用发展的重要方面之一。在网络教育应用方面，发展的主流和趋势有以下几方面：远距离教育、网上学校和计算机支持的合作学习。网络远距离教育是指通过因特网或局域网实现全球范围或区域范围的课程传送和教育，这种教育的显著特点是必须体现双向性、实时性和交互性；网上学校是指将一所学校所具有的全部功能搬上网络；计算机合作学习是指基于网络来进行群体或小组形式的学习。这种学习形式强调通过网络和计算机支持学生同伴之间的交互活动。

第二节　小学语文教育创新设计的原则

教育设计是教育技术的重要组成部分，是教育工作的基本环节，是连接教育理论和教育实践的桥梁。课堂教育设计是教育设计中最基本的内容，它直接作用于课堂教育，决定着课堂教育效果的优劣。随着教育改革的不断深入，越来越多的教师认识到教育设计的重要性，自觉地将教育设计原理应用于教育活动之中。教师在进行教育设计时，必须遵循一定的原则，对课堂教育活动中的功能要素进行合理的统筹安排，以保证课堂教育活动获得最佳的教育效益。小学语文课堂教育设计的基本原则可以从整体设计原则和各要素设计原则分别考察。

一、整体设计原则

（一）系统性原则

系统论的观点认为，系统就是由其内部相互联系又相互作用的要素结合而成的功能整体。课堂教育活动就是由教师、学生、教育媒体、教育方法、教育内容等要素构成的具有教育功能的整体系统。

课堂教育设计就是应用系统的观点，从整体的角度出发，对课堂教育活动中的基本要素以及各要素之间的相互关系进行认真的分析研究，比较各种不同要素组合产生的效果，从而选择最优的教育方案，获取最佳的教育效益。教师在进行课堂教育设计时，必须运用系统的方法分析教师、媒体、学生、教育方法和教育内容等要素在课堂活动中的地位和作用，明确各要素之间以及各要素和整个教育系统之间的相互关系，从而确定教育目标，选择教育媒体，制定教育策略，以求实现教育系统的功能最优化。

在课堂教育活动中，媒体是教育信息的载体。它的作用就是用来传递教育内容，教师在进行媒体设计时，必须从整个教育系统考察媒体和教师、学生、教育内容等教育要素之间的相互关系，明确媒体在教育系统中的地位和作用，根据教育目标的需要制定最适合学生学习的媒体方案。如果不从系统整体的观点出发，只是孤立地考虑课堂教育活动中的某一方面，简单地满足某种需要，就不能够达到优化课堂教育的目的，有时甚至会对课堂教育形成干扰。

（二）综合性原则

课堂教育设计不同于传统的教育计划。传统的教育计划是教师根据对教育内容的分析研究，安排向学生讲授知识的具体方案。由于它把教育过程单纯当作教师向学生传授知识的过程，把计划的核心放在教师的教法上，必然导致"填鸭式""满堂灌"的弊端。正确的做法是将教师的"教"和学生的"学"统一起来综合考虑，用教和学的理论共同作为我们设计教育的理论基础。因此，教师在进行课堂教育设计时，既要考虑自己的教法，又要考虑学生的学法；不仅注重向学生传授知识，而且注重开发学生的智力，培养学生的能力，使教育活动由传统的重视知识传授转变成知识技能的传授与学生智力和能力的开发相结合，使学生能够得到全面和谐的发展。

教育过程是教育信息的传播过程，学生是教育信息的接受者。注重课堂教育设计的综合性，就必须重视学生和教育媒体之间的相互作用。这就要求教师必须认真分析学生的特征，根据不同学生的知识结构、能力水平和心理特点，有针对性地制定教育目标，选择教育媒体，设计教育过程，充分调动学生的学习兴趣和参与意识，使每个学生都能在智力和能力上得到发展。

（三）方向性原则

教育目标是课堂教育设计的基本内容。它既是教育活动的出发点，又是教育过程的指南，同时也是评价教育效果的依据。教育目标具有较强的针对性，对教育过程中教师、学生和媒体之间的相互作用规定了明确的要求。根据美国教育心理学家布鲁姆的学习理论，教育目标可以划分为三个不同的领域，即认知领域、情感领域和动作技能领域。教师在制定教育目标时，必须根据教育大纲的要求和学生的不同特点，将教育内容每个知识点的学习目标转化成学生具体的行为目标，力求使学生能将不同层次的教育目标说出来、写出来或者做出来，便于教师对教育效果进行检测和评价。

教育目标的表述具有一定的规范性。它包括四个方面的要求：①目标的主体；②目标行为内容；③目标完成的条件；④目标完成的标准。

（四）媒体组合性原则

不同的教育媒体具有不同的功能特性，同时也都存在各自的局限性。传统教育媒体与现代教育媒体，或者各种现代教育媒体之间都不能相互替代。因此教师在进行课堂教育设计时，必须对教育媒体进行优化组合。教育媒体的优化组合具有一定的原则：

1. 服从教育目标的需要

教育目标是课堂教育系统的核心，而教育媒体仅仅是传递教育信息的工具。教育媒体的选择、使用和组合都必须服从教育目标的需要。比如为了提高学生的外语听力水平，选用语言实验室进行听音训练效果较好，而要让学生了解异域的风土人情和生活习惯，则选用动态影视媒体进行情景教育效果最佳。

2. 充分发挥媒体特长

围绕教育目标选择教育媒体时，必须根据不同媒体的功能特性，充分发挥媒体的特长，选择使用最能表现相应教育内容的媒体种类，并且要注意传统媒体和电教媒体之间的组合，通过优化组合达到媒体功能的相互深化和补充。

3. 符合教育心理原则

学习过程不是对知识的被动接受，而是一个学生主动选择的过程。因此教育媒体的组合运用应该遵循认知的规律，根据学生的生理和心理特点，以及不同的知识结构和智力水平，充分利用媒体手段来激发学生的学习动机，保持学生的注意力，进而对学生的学习心理形成干扰。

优化组合教育媒体时，还应考虑不同媒体的信息符号对学生的作用效果。语言符号便于同学生进行沟通交流；画面符号具有直观的想象作用；音像混合符号则给学生以视觉和听觉的综合刺激。课堂教育设计时具体选择哪种信息符号，要根据教育目标的具体要求，使之符合学生的心理特点和认知规律，以求利用不同媒体信息符号的功能优势，来揭示教育规律，突破教育的重点和难点，强化课堂教育效果。

（五）反馈性原则

课堂教育过程是教师、媒体、学生等教育要素相互作用的过程。在教育活动中，教师通过媒体向学生传递教育信息，学生则通过媒体来进行学习，教师和学生之间不断地进行教育信息的反馈与交流。随着现代教育媒体在课堂教育中的广泛应用，教育过程中的信息反馈与调控越来越成为优化课堂教育的一项重要因素。

反馈调控是指教师在课堂教育过程中通过学生的学习反应获得反馈信息，然后根据这些信息相应地调整教育过程，弥补教育设计的不足，有效地控制整个教育活动向着完成教育目标的方向发展。教师在教育过程中通过交代目标，激起动机，引发学生的学习兴趣和主动参与意识。教育过程中学生产生的各种反应都是教师的反馈信息。同时教师还可以通过明确具体的教育目标对学生的学习效果进行评价分析，检查课堂教育目标的完成情况，并以此为依据找出课堂教育设计中存在的问题，如媒体内容的展示时机，教育媒体的使用环境等，从而为课堂教育活动做出正确的决策。

总之，课堂教育设计是以实现课堂教育最优化为目标，用系统的观点和方法对教育活动中的基本要素进行统筹安排的过程。它主要包括教育目标的确立、教育媒体的选择、教育策略的制定、教育效果的评价等基本内容。要实现课堂教育系统的功能最优化，获得课堂教育的最佳效果，就必须对整个系统的功能要素进行良好的设计和合理的统筹。

二、各要素的设计原则

课堂教育设计是以教育论、教育心理学和传播学理论为基础，用系统的观点和方法，来分析教育任务，确定课堂教育目标和教育策略。课堂教育设计的要素主要包括教育目标、教育内容、教育方法、教育媒体、教育结构、教育评价等，各具体要素设计又有具体的原则与要求。

(一) 教育目标设计的原则

教育目标，是整个教育活动的指导思想，是教育活动的出发点和归宿，也是检查和评价课堂教育效果的依据。课堂教育目标设计应遵循的原则是：

1. 目的性原则

每堂课的教育活动，都应该围绕教育目的展开。教师必须熟悉教育大纲，吃透教材内容，把握教材的各个知识点，把握每一具体要求和区分度，完成课程教育任务。

2. 适度性原则

要从学生的认知特点和班级基础出发，既不盲目求多，也不过于松散。既不盲目拔高，也不降低要求。力求教师和学生都有实现目标的可能性。

3. 可测性原则

对要达到的要求指向明确，对识记，理解、运用、分析、归纳、综合等行为要求要有具体的检测内容和明确的评定标准和依据，具备可测性。

4. 全面性原则

课堂教育目标，不仅考虑知识能力达到的程度，还要渗透思想品德的教育和非智力因素的培养，努力使学生在知识、能力、思想、心理等各方面得到全面协调的发展。

（二）教育内容设计的原则

教材中的信息往往都有较强的独立性，缺乏内在层次的联系，如果我们不进行序列化信息编码，就难以使学生获得完整的、系统的知识，影响学生的逻辑思维。这就需要我们对教育内容进行优选和序列化组合。在优选和组合时，必须遵循以下几个原则：

1. 针对性原则

即针对具体学情来设计。凡是学生通过自学能够弄懂弄通的东西就应尽量少讲或不讲，对一些次要的内容，教师略加点拨学生就能理解、掌握的，可一带而过。对一些尚未被学生认知结构所接纳，且有一定难度的应浓墨重彩，讲深讲透。

2. 集中性原则

课堂教育时间的时限性和教育信息的多维性，要求教育内容要集中。教师在钻研教材的基础上，要把握教育内容中主要的。本质的东西，抓住重点，把有限的教育时间集中在最核心的教育任务上。

3. 整体性原则

教师必须把握知识结构体系，认真分析每节课中的知识在整个知识体系中的地位和作用，找出这一课内容的铺垫知识是什么，新旧知识的连接点是什么，后续知识是什么，尽量使知识结构整体呈现。

4. 延伸性原则

必要时，还要适当补充一些与教育内容有关的边缘学科知识和尚未被学生知晓的新知识，以便开阔学生视野，满足学生求知欲望，激发学习兴趣。

（三）教育方法设计的原则

教育方法是为完成教育任务而采用的办法。它包括教师教习方法和学生学习方法，是教师引导学生掌握知识技能，获得身心发展而共同活动的方法。课堂教育方法的设计应有利于知识的传播和能力的培养。在教育上，既要考虑如何教给学生已经概括了的社会基本经验，又要考虑教给学生有效地去获得这些经验的方法。在学法上，既要考虑怎样指导学生去总结已有知识和经验，又要考虑如何指导学生自动更新自身知识结构，不断调控自己学习状况。

首先，在教法设计上要遵循启发性原则。教师要始终把启发思想贯穿于教育设计的整个过程，以学生为学习的主体，点拨学生独立思考，启迪学生积极思维，提高学生分析问题和解决问题的能力。其次，在学法设计上要遵循指导性原则。教师不仅要把学生当作教育对象，还要当作研究对象，研究学生学习规律，指导学生学习方法，指导学生掌握教育信息的方法，掌握预习、听课、笔记、作业、总结学习过程等方法，掌握自我心理调节等方法。

（四）教育媒体设计的原则

1. 教育媒体设计的原则

教育媒体主要包括传统教育媒体和现代化教育媒体两个方面。传统的教育媒体是班级授课制产生以来，教育中所采用的黑板、教科书、粉笔、教育仪器等。现代化教育媒体是 19 世纪末期开始在教育中逐步采用的各种电教器材（硬件）和载有信息的音像教材（软件）。硬件包括幻灯机、电影放映机、电视机、录音机和电子计算机等。软件则是幻灯片、电影片、录像带、录音带、计算机软件等。在现代课堂教育中，教师实际应用最多的还是传统的教科书和板书。但电化教育媒体作为现代化教育媒体，由于具有独特的优点，已深受广大师生的欢迎。我们在设计教育媒体时应遵循的原则是：

传统教育媒体与现代化教育媒体优化组合。利用黑板精心设计的板书，其本身就是课堂教育的纲要和轮廓。它能突出教材的重点，难点和关键，帮助学生理清教材的脉络，打开学生的思路，而且便于学生记笔记，为课后复习提供条件。而幻灯媒体，在揭示和阐明教育中的重点和难点方面，为教师和学生提供了更加充裕的时间，便于教师讲解和学生观察、分析思考；录像媒体，以其声形并茂的特点，能将所讲的对象，在大与小、快与慢、虚与实之间互相转化，使教育内容涉及的事物、现象、过程全部再现于课堂。

传统教育媒体与现代化教育媒体为教育目标服务。即必须选择最能有效地达到教育目标，最能充分表现教育内容，"最省时间"和能使教育过程最"简捷"的教育媒体。

传统教育媒体和现代化教育媒体艺术、技术相结合。教师不仅要掌握处理教材的艺术、板书的艺术、制作和使用教具的技术等，还要娴熟地掌握现代化教育媒体使用技术和简单的维修技术，并要学会自制软件。

2. 教育过程设计的原则

在确定了教育目标，选择了教育内容、教育方法和教育媒体后，教师就需要对课堂教育作整体的安排。比如需要确定有哪些教育环节，各个教育环节占用多少时间，如何应用教育媒体和方法进行教育活动等。这就要求在对课堂教育结构进行决策时应体现科学性原则。①时间分配的合理性。一堂课45分钟，如果在课堂的起始阶段，慢条斯理，而到后半堂草率收兵，学生在课内获得的知识信息就难以得到巩固。同时，由于后半堂课属非黄金时间，学生大脑已趋于疲劳，记忆力、思维能力等已明显降低，容易出现听课走神现象，此时加快教育速度，会影响学生对知识的接收，因此课堂上应合理使用教育时间单位。②教育环节的协调性。现阶段课堂教育结构一般包括预习、讲授、练习三个基本组成部分，这三个部分并不是截然分开的，预习中有讲、有练，讲授中也有练，练习中也有讲。在具体课堂设计中，教师要把握每个环节的任务和要求，相辅相成，相互协调，以实现课堂结构的整体优化。

3. 教育评价设计的原则

在现代课堂教育中，教育评价应该贯穿于教育活动的全过程。进行课堂教育评价应遵循以下基本原则：①差异性原则。学生之间的个性差异是客观存在的，他们的知识基础、认识能力、意识倾向、兴趣爱好、学习态度都不尽相同，教师应根据学生不同的个性确定不同层次的评价标准。②适时性原则。要把握好评价的时机。如诊断性评价，一般在课堂教育前进行，借助上节课形成性评价和总结性评价的结果，使教育设计方案更加趋于合理和恰当。而形成性评价一般在课堂教育中进行，总结性评价一般在教育后进行。③全面性原则。要对涉及教育目标的各个领域和层次进行评价。④多样性原则。可以由教师、学生或机器来实施，通过目标测试题、作业练习、谈话或者提问来考查。⑤情感性原则。当学生在学习上取得新的成绩时应给予肯定的评价，让学生体验成功的欢乐；对学生学习上受到的挫折，应给予积极的鼓励，对他们非智力因素的"闪光点"进行评价，鼓舞他们学习的信心。

三、教育设计的伦理原则

　　教育设计的伦理原则是指在教育设计过程中应当遵守的基本行为准则。它可以为制定"合伦理"的教育设计方案提供理论依据。教育设计伦理原则同其他的应用伦理原则一样，要从所涉及的教育设计活动过程出发，有针对性地选择能够直接指导教师教育设计的伦理原则。教育设计活动过程一般可以概括为分析学习者、确定教育目标、分析教育内容、选择教育策略、开发教育媒体和实施教育评价等六个环节。从这六个方面构建教育设计伦理原则体系，具体包括：①分析学习者遵循的尊重原则；②确定教育目标遵循的差异原则；③分析教育内容遵循的无害原则；④选择教育策略遵循的公平原则；⑤开发教育媒体遵循的参与原则；⑥实施教育评价遵循的个别化原则。

　　(一) 分析学习者——尊重原则

　　在学习者分析之前，我们应该先对"学习者是什么"有正确的认识。学习者是具有主观能动性的个体，是独立的完整的个体，同时，学习者也是与世界有着丰富关系的人。因此，不能从单一维度片面地看待学习者。分析学习者，更确切地说应该是了解学习者，了解学习者的现状和特征，以便为其设计合适的教育，即要了解能够影响教育、影响学习者发展的所有因素，要尊重学习者作为一个具有主观能动性的、完整的个体的存在。尊重原则可以看作是教育设计的首要原则，一切抉择以尊重学习者为前提。在学习者分析中，要尊重学习者差异，尊重学习者隐私。

（二）确定教育目标——差异原则

教育目标是对学习者学习结果的预期描述。基于学习者本身是存在差异的，其学习结果必然也是存在差异的。因此，教育设计时一般都会以中等学习者为参考对象或者以课程标准作为参考依据确定目标。这种确定教育目标的方式体现的是大一统的思想，所有学习者以此为基准判断自己的学习结果。但"课堂教育的目标是使每一位学习者在现有水平的基础上获得最大限度的发展"，确定教育目标也应该是基于每一位学习者的现有水平，这也是之前进行学习者分析的目的之一。因而在确定教育目标时应该遵循差异原则。

（三）分析教育内容——无害原则

教育内容本身并不是价值中立的，而是负荷一定价值的。一方面教育内容的选择过程是有价值负荷的。因为教育内容的选择就是受价值观念（包括伦理价值观念）指导的、有意识或无意识的文化选择过程，在这个过程中，选择作为教育内容的知识也必然体现一定的价值观念。另一方面，教育内容的开发过程是有价值负荷的。教育内容的开发是指教师对教育内容的再加工与组织，在这一过程中，教育内容必然会附带教师个人价值观念的色彩。而教育内容的价值是通过学习者得以体现的。因而教育内容的价值判断应以对学习者所造成的影响作为判断标准，也就是说将教育内容主要与学习者的需要和效用联系起来，而不是与教师相联系。教育内容应该给予学习者积极的影响，而非消极的影响，即教育内容的选择和开发应该遵循无害原则。

（四）选择教育策略——公平原则

教育策略是教师选择权的集中体现。在选择教育策略时，教师会把教育目标、教育内容、教育环境以及学习者的知识基础等作为选择依据，但很少会有教师把对学习者发展的公平性作为选择依据。学习者不仅是认知主体，也是情感主体，在学习过程中，有着自己独特的情感体验。而公平性是学习者主观体验非常关注的一点。这不仅影响学习者的情绪，影响其学习的积极性，也影响学习的效率，甚至影响整个班级的学习氛围，因而要正视并重视这种公平性。

（五）开发教育媒体——参与原则

教育中媒体的应用旨在促进学习者的学习，并不是去追随新技术、新媒体，因此着眼于现实，利用可利用的资源，坚持参与原则。即媒体的利用不在于其科技含量，不在于其先进程度，而在于其与学习者的互动程度，在于学习者能否充分参与其中。只有能促进学习者参与的媒体才是恰当的媒体，也才是能满足学习者需要的媒体。这种参与，首先是学习者肢体的参与；其次是学习者已有经验的参与，通过媒体使新旧经验之间建立联结，促进新知识的学习；最后是学习者情绪的参与。这三个层面相互作用、相互影响。因而媒体的利用应该能够促进这三个层面的信息交流。

（六）实施教育评价——个别化原则

教育评价应该遵循个别化原则，针对每个学习者的不同特点给予不同的评价，从而促进学习者发展。这主要表现在以下三个方面：其一，评价方式的个别化。这种评价不是通过分数或等级的形式，而是结合学习者个人特点进行的描述性评价。通过具体而个性化的语言描述，使学习者对自己有更客观的认识。其二，评价内容的个别化。教育不仅仅是知识的教育，因而教育评价也不应局限于知识的评价。学习者的情感、能力的发展均是学习结果的重要体现，亦应成为评价内容。结合学习者个性特点的情感和能力评价更有助于促进其知识的学习。其三，评价结果的个别化。每个学习者所接收到的评价是有差异的，这种差异源于学习者本身的差别。只有这样才能真正促进个体生命成长，而不是湮没在标准答案中。

第三节　小学语文教育创新设计的要素

教育设计要素有一般要素与其他要素之分，教育设计的一般要素是指教育设计按设计内容和环节划分的要素，一般包括教材分析、学情分析、教育目标设置、教育重难点设计、教育内容设计、教育过程设计、教育方法设计、教育评价设计等；教育设计的其他要素则主要包括提问设计、板书设计、说课设计、教案设计以及媒体手段运用设计等。

一、教育设计的一般要素

（一）教材分析

教材作为课程计划和标准的具体化形式，是教师指导学生获取知识和培养能力的重要载体。因此，教材分析首先要分析语文课程标准，就小学而言就是要认真研读语文课程标准中关于小学语文部分的内容，在此基础上，深入钻研教材，并进行教材分析。分析教材要注意系统性，不能局限于某一课、某一单元或者某一项语言训练活动。其次，教材分析要分析所授的具体课文或章节，这是教材分析的重点任务。

（二）学情分析

学生是学习的主体，学生的学习态度、思想情感、知识积累、能力构成、学习环境等对学习产生直接或间接的影响，因此学情分析具有必要性。教师要注意分析学生语文学习中的个性和共性问题，关注学习的内容与学生先前知识以及后续将要学习的内容之间的关联，分析学生在学习中存在或可能存在的困难，以及如何解决这些困难。学情分析可以避免教师做出一厢情愿式的脱离实际的教育设计，学情分析到位是成功的教育设计的基本条件之一。

（三）教育目标设计

教育目标是教师在教育前对学生学习行为变化的预期。教育目标不仅对学生具有心理导向和激励功能，而且制约着教育设计和实施的方向，影响教师对教材的处理与加工，对教育过程的确定、教育方法的选择和作业习题的布置等也都会产生影响。教育目标设计要在对教材、学情分析的基础上进行，一般要求做到全面、规范、具体和开放。

（四）教育重难点设计

教育重点是指在所教育科知识体系中处于重要地位。对后续知识的学习和理解会产生重要影响的知识点。这就意味着教育重点是一个绝对概念，它不会因教育者或教育对象的变化而发生变化。因为知识体系是确定的，不同知识在知识体系中的地位和作用也是确定的。教育难点是指教材中学生较难理解和掌握的部分。由于教育难点是相对于学生的理解力而言的，不同的学生理解能力有高低，这就决定了教育难点是一个相对概念，可以因人而异。对某些学生而言是难点的知识，对其他学生来说则未必是难点。

（五）教育过程设计

教育过程是教育活动的展开过程，教育过程要遵循学生认知规律和学习心理发展规律，体现一定的教育顺序。小学语文教育过程设计要依据小学生学习语文的特点、不同板块教育内容的特点以及具体教育内容的要求来进行。教育过程设计不是教育内容的再现，要注意发挥教师主导、体现学生主体和媒体优化作用。教育过程设计还要体现一定的教育方法。

（六）教育方法设计

教育方法与教育目的相联系，是实现教育目的不可或缺的工具，是师生共同完成教育活动所采用的手段，而并非单指教师的工作方法。教育方法的功能是多方面的，既可凭借教育方法使学生掌握知识、技能和技巧，也可凭借教育方法使学生形成思想品质和审美观点，发展他们的能力和创造素质。教师要根据教育的目的和任务、教育内容的性质和特点、教育对象的实际情况、教师自身素质及所具备的条件以及教育方法的类型与功能，选择合适的教育方法。

（七）教育评价设计

教育评价的目的是为了促进学生学习，同时改善教师的教育。小学语文教育评价设计应科学地反映学生的学习水平和学习状况，全面落实语文课程目标。教育评价设计要恰当运用多种评价方式。教育评价设计的内容一般体现为教育评价方案的设计和课程考评试卷的设计。教育评价的设计要体现语文课程目标的整体性和综合性，要根据不同学段、不同年龄学生的特点，按照不同的课程目标，抓关键、明重点，采用合适的方式，提高评价的效率和效果。

二、教育设计的其他要素

（一）提问设计

对于学习者来说，学习过程实际上是一种提出问题、分析问题、解决问题的过程。教师出色的提问能够引导学生去探索所要达到目标的途径，获得知识智慧，养成善于思考的习惯和能力。提问是为教育服务的，为提问而提问是盲目的提问。要进行有效的提问，关键在于科学地设计问题，以激发互动与共鸣为原则设计提问，以紧扣教育重点为基点精选关键提问，以课堂教育需要为根据把握提问时机，以拓展学生思维为目的预留想象空间，以轻松活泼有趣的语言编制系列问题。

（二）板书设计

板书是教育中所应用的一种主要的教育媒体，板书艺术则是教育艺术的有机组成部分。现代教育媒体的大量涌现不仅没有使板书退出教育课堂的舞台，反而更加彰显板书不可替代的特点与优势，也更加丰富了板书的显现形式。板书内容构成直接影响板书质量和教育效果。因此，教师应对板书内容进行精心设计，使其科学、精炼、好懂、易记。对每堂课的板书内容设计，应根据教材的内容、教师的设计技巧和学生的适应程度而定，难以做统一的规定。因为即使同一教育内容，不同的教师、不同的对象，可以设计出不同的板书内容。

（三）说课设计

说课是教师在备课的基础上于课前或课后向同行、专家或评委用口头语言说明教育设计及其理论依据，然后由听者进行评述的一种教育交流活动。说课主要包括说教材、说学生、说教育目标、说教法学法以及说教育过程等内容。

（四）教案设计

教案体现对教育内容的整体设计，是教育设计的最终成果之一。有时候说教案设计就是教育设计也有一定的道理。教案是课堂教育的预案，要充分反映教师内在的教育理念、对教育内容的把握程度等。好的教案是教师上好课的前提。

（五）媒体手段运用设计

在小学语文教育中，教育媒体手段具有传递教育信息功能，在学生的思维能力培养和语文综合素养提升方面发挥着重要的作用。教师进行媒体手段运用的设计，既要满足呈现教育内容和支持教育活动的需求，也要从学生角度考虑，将加工过的信息通过媒体手段呈现给学生。媒体手段的运用应符合小学生心理发展和认知特点，要符合语文课程对学习环境创设的要求。当然，教师不能无限制依赖现代媒体手段，尤其在语文教育过程中，为发挥学生的想象能力，有时候还需要对媒体手段的运用予以必要的限制。

三、新课堂教育设计中的十个要素

教师要从传统角色中走出来，走进新课程，要处理好"继承"与"发展"的关系，在继承的基础上求发展。新课程下课堂活动教育设计的构成要素主要由学生、教师、学习内容（教材）、学习情境、学习方式、学习资源、学习目标、学习评价、学习策略、创新空间等十个要素组成。

（一）学生

学生是我们进行教育设计的出发点、归宿和核心。关注每一位学生；关注学生的情绪生活和情感体验；关注学生的道德生活和人格养成。所以，教育设计必须对学生的基本特征、已具备的基本知识和认知结构、学习风格等有一个基本了解。学生学习的基础主要是指学生的初始行为和学习的特征。

（二）教师

教师的影响是通过教育事件来实现的，虽然在以"学"为中心的教育设计中，教师已不再处于中心位置，但也并不意味着教师的"教"就可以完全抛开。教师在引导学习、帮助制定学习策略和学习目标、提供学习资源等方面，在利用学习评价培养学生良好的学习方式和调节学习情境等方面，可以发挥更大的作用。

（三）学习内容（教材）

学习内容是为实现学习目标所必须学习的知识内容，它以"教材"为主要载体，是进行具体教育设计的对象和依据，与学习内容的选择与安排、学习目标、学习策略、学习特征等联系在一起。对于作为教育设计依据的原始教材，必须经过改造使之成为学习内容，这是"教教材"与"用教材教"在设计上的具体表现。改造中首先考虑的问题之一就是这一内容适合不适合以探究的方式来进行教育。我们强调探究教育，并非所有的内容都适合用探究教育，有些实在无法进行具体操作的内容最好不要用探究的方式。

（四）学习情境

学习情境是为顺利地学习、掌握学习内容，尽快达到学习目标而选择或创设的情形与环境。学习情境的创设可以通过现代信息技术实现，但也要考虑让学生主动参与学习情境的开发与设计。情境的创设要与学习内容相统一，与学习过程相协调，它的作用是推动学习的进程。学习情境包括物质的、社会的、文化的、心理的等方面，与课堂生活中的规章、制度和期待等因素，共同构成教育环境。学习情境对教师、学生、学习内容等产生一定的制约作用，漠视学习情境的影响，将打乱课堂及其教育环境的平衡。

（五）学习目标

学习目标是基于对教育目标的分析和操作化之后形成的。学习目标也称培养总目标，主要包括对学习者培养的阶段性目标和学完学习内容之后所要达到的单元目标（或课时目标）。这两个目标应是一致的，后者服务于前者，课时目标是阶段目标实现的基础，总目标的实现又依赖于不同时期的阶段目标的实现；而培养总目标则和社会发展的大环境和总需要、现代人才观、学习者的具体状况相联系，不同的社会需求、不同的学习者状况就会有不同的学习目标。学习目标与教育目标有一定的不同，而且有一定的"分离现象"，由于学生学习方式与学习内容的选择及层次上的差异，这种分离是必然的。对学生学习系列目标达成上的归纳，有利于教育目标的完成。

（六）学习方式

课程改革的目标之一是推动学生学习方式的变革。即由被动接受性学习向主动探究性学习转变。即使选定了用探究的方式，我们还必须考虑更具体的东西，即学生要采取哪种途径，是概括还是归纳，是个体还是小组等。学习的交互方式，也是非常丰富的，是思维情感的参与，还是外显行为的参与；是与教师、学生的交互，还是与虚拟的网络、教育媒体交互；是面对面的交互，还是通过媒介的交互；是在真实的社会情境中交互，还是在学校中模拟交互等。学习方式的改革，交互学习方式的使用，是以"学"为中心的教育设计的一个比较显著的特点，也是培养学生动手能力、创新能力、体现以"学"为中心的措施之一。

（七）学习评价

评价方式的转变也是课程改革的目标之一，学习评价同时也是推动学习方式变革的动力。学习评价是教育设计的一个重要因素和环节，主要是通过对学习过程、学习结果进行评价，并利用学习评价达到优化学习情境的目的。学习评价还要对评价结果进行分析、判断，并以此来调整、修改后续教育设计的实践活动。没有学习评价就不可能有完善的教育设计方案。评价的方法主要包含三方面的内容：第一，要确定评价项目及其参照标准；第二，如何进行评价；第三，如何根据评价结果对学习行为过程予以修正。当然，还有评价的主体及具体的评价形式，是质性评价还是量上的评价，如何收集数据等问题。

（八）学习策略

学习策略是自主确定学习内容的顺序、学习方式、学习媒体、学习目标和学习方案的一种模式和方法。其核心是要发挥学生学习的主动性、积极性，充分体现学习的认知主体作用，高效优质地完成教育任务，实现学习目标。在学习策略的设计中，应该考虑对学生活动监管规则的设计。活动的监管规则是学习活动的微观控制。只有活动流程的设计而没有过程的监管，这样的设计是不完整的。缺乏对活动监管的设计，是造成新课标教育难以控制的原因之一。

（九）学习资源

对科学知识的主动构建，要借助于各种学习资源。学习资源包括学习时间、学习所用的材料、器材等媒体，是具体学习内容的辅助和延伸，是为了学习内容更全面、更广博而设计的。它既与学习内容相统一，又与学习内容相区别，是辅助性的学习内容。借助于学习资源，是提高课堂教育活动效率的有效手段。就探究教育的活动性而言，学习资源也是一个要予以充分考虑的重要因素。对学习资源，首先要考虑时间资源是否适宜、学习材料是否有帮助、学习器材有什么制约；其次要考虑学习资源如何运用，即如何改造、整理与分类；最后要注意对学习资源进行充分的估计，尽可能利用身边的资源。

（十）创新空间

教育的创新，要求教师与学生共同在学习内容的挖掘和呈现顺序上，在学习结论的呈现方式上进行精心设计，在思维方法和空间方面给学生留有足够的余地，引导学生进行创造性思维和实践活动。教育的创新主要包括教师"教"的创新、学生"学"的创新和学习材料方面的创新。

第三章　小学语文教育创新原则

语文教育原则是进行科学的语文教育的依据，它具有重要的理论意义和实践价值。

第一节　优化语文课堂教育结构原则

所谓课堂教育的结构，指的是课堂教育的组成部分（或"环节"）及其顺序。它体现教育的整个过程，反映教育的组织形式。传统的语文课堂教育多是"教师讲、学生听"的形式。课堂教育既然是一讲一听的关系，教师当然是主角，学生只处在观众的地位，即使偶尔举手答个问题，也只不过是配角罢了。因此，如何安排教育结构，就成为语文课堂教育研究的一项重要内容。所谓优化教育结构，则指的是在正确的教育思想和理论指导下根据教育的目的和要求，最恰当地解决教育过程中要素的组合和程序的编排，从而收到最佳的教育效果。

语文教育结构的优化应体现两个方面：一是语文课本身课型的优化；二是一节课本身结构和层次的优化。既然要优化，就要从学生的认知实际出发，根据不同的教育任务，整合教育资源，合理安排课程的设置和每节课的结构，从而达到"有效"教育和"高效"教育。

一、课堂教育结构优化

语文课堂教育结构一般包括以下五个环节。

（一）阅读指导

教师指导学生读书，给学生介绍一些切实可行、行之有效的方法，向学生提出读书的具体要求。

（二）质疑设问

教师要在善于启发和鼓励学生认真学习和思考的基础上，积极提出各种各样的问题。质疑，是学习的真正开始。学生能设问，常常表明他已经进入了真正学习的角色。当然，教师也可以根据教育要求、内容的重点和难点，以及学生的认识水平，设置一些问题，激发学生的求知欲望和探究需求。

（三）释难解惑

问题提出后，怎样解决，谁来解决？教师可以"解惑"，学生之间也可互相"解惑"，提问者在继续学习、思考或受他人启发后，也可为自己"解惑"。所以，可以通过师生共同讨论的方式来得共识、获取新知。

（四）总结提高

课堂教育还不能仅仅停留在使学生获取新知的阶段，而必须进一步推向使学生的新知转化为智能的阶段。因此，教师应在学生掌握新知之后，及时地引导学生自己总结方法、规律，提高阅读和写作的能力。学生在阅读和写作的实践过程中，不断地积累着感性认识和理性认识。在这基础上，教师适时地加以点拨，学生就有可能从中归纳出规律性的东西，从"语感"中悟出深刻的道理。这就是让学生从自行发现问题、发现知识，到自行去概括，做出结论。学生的读写能力正是这样形成的。

（五）巩固深化

人们的认识不可能一次完成，学生的认知和智能形成也不可能一次实现。这就应有一个巩固深化的阶段。教师可精心设计练习，及时反馈学生认知和智能形成的情况，并及时予以矫正，使不同层次的学生都能得到具体的切实帮助。教师要明确练习的目的是"反馈"与"矫正"，是对学生认知和智能形成的巩固与深化。因此，搞题海战术，练习以多取胜，以练代学，都是不足取的。语文课堂教育结构的五个环节，环环相扣，逐层深入，体现了学生认知的过程和智能形成的过程，体现了由浅入深、由易到难、由知识转化为能力的循序渐进的过程。

二、课型结构优化

教育过程各个阶段所完成的具体任务是不同的，而每一节课都要完成一定的教育任务。根据课程所完成的任务不同，可以分成若干不同的课型。教师应该根据单元教育和课文教育的总体要求和设计，选取恰当的课型，制定课时教育计划，合理地安排师生课堂教育的具体活动内容，把教育过程中各种要素加以有机组合，把各项教育程序加以巧妙编排。常见的语文课型有以下几种。

（一）导读课

学生在教师指导下自读课文，这是教师指导与学生自读的结合，即课内自读。以学生自读为主，教师指导的作用是"提纲挈领，期其自得"，其内容"包括阅读以前对于选定教材的阅读方法的提示，及阅读以后对于阅读结果的报告与讨论"思考讨论题目，可由教师事先拟定，也可由学生自读后提出。这种课十分鲜明地体现出学生的主体作用，但教师的主导作用也是不可忽视的，因此"审核他们的报告，主持他们的讨论，仍是教师的事，其间自不免有要订定与补充的地方，所以还是指导"。

（二）讲读课

这是教师讲解与学生阅读相结合的课堂教育形式。一般用于精讲精读课文的学习。教师讲解很重要，有时甚至"纤屑不遗，发挥净尽"。但讲什么、怎样讲，却是需要教师认真考虑和设计的。讲什么，当然要根据课文内容和教育的目的要求，也要根据学生对课文的理解程度，力求有的放矢，针对性强。怎样讲，还是以启发式为好：提出问题，促进学生思考，引发大家讨论，适当处教师加以点拨，自然得出结论，这样学生理解比较深切。

（三）讨论课

学生在教师的组织引导下进行专题的课堂讨论。讨论题应有一定难度，或能引出激烈的争论，使全体学生发生浓厚兴趣，积极参与。讨论，应事先要求学生做好充分的准备，拟好发言提纲。教师在讨论中要注意引导学生摆事实、讲道理，以理服人，并适时点拨，使讨论向正确的方向发展，逐步深入下去。教师要做总结发言，肯定讨论的收获，提出供学生进一步讨论的新问题。

（四）朗读课

这是以朗读为主的课堂教育形式。诗歌、寓言、写景抒情和状物咏志的散文（过去人们称为"美文"），以及戏剧作品，都可以朗读为主要形式进行教育。语文是言语学科，朗读是它的一大特点。传统的语文学习，重视朗读的功夫，这是心、眼、口、耳并用的学习方法。师生反复朗读课文，可以深入体味作品的思想感情和表现手法、遣词造句的佳妙。这不是教师讲解和学生讨论所能代替的。教师要讲解一些朗读常识，引导学生在朗读中掌握好逻辑重音、停顿、语调和节奏，并可做示范。朗读方式可以多样化：或个人朗读，或分角色朗读，或集体朗读。

（五）速读课

面对技术革命的挑战和猛烈增长的书山。单纯沿袭已久的阅读法已难以适应新的形势。所以，不少人提出了行之有效的快速阅读法。这种阅读法是"从文字当中迅速吸取有用信息的一种方法"，它"完全不是表面性的游览，而是一种积极的、创造性的理解过程"。"读者在这个过程中要对几种事实和结论进行分析，对某些概念进行综合分析，从而为形成新的知识打下基础。"教师要向学生介绍这种阅读法，在实践中掌握这种方法的要领，学会整体阅读和鉴别阅读，并用各种检测手段来了解学生捕捉信息的能力形成的状况。

（六）作文指导、讲评课

学生作文前教师进行指导，作文后进行讲评，这是写作教育的两个重要环节。教师指导的内容包括：观察、分析客观事物；审题、开拓思路；立意、选材；布局谋篇；不同文体的做法等。可结合课文教育进行，以教材作为学生写作的范例，也可提供可参考借鉴的文章。教师在普遍指导的基础上，应进行个别帮助。作文讲评要求目的明确，重点突出，收到切实的效果。讲评有多种方式；教师可对学生作文情况进行有数据的有实例的概括分析，肯定优点，指出缺点，并做到重点突出；可选出一篇或几篇优秀作文进行深入分析，以典型指导一般；可选出几篇较有代表性的作文，由学生自己朗读，教师组织学生评论；可印发一两篇学生作文，教师指导全体学生评改，并展开讨论；可采用对比的方法——作文与课文对比、原稿与修改稿对比、优秀作文与较差作文对比，并进行评议；可抓住作文中的一两个主要问题，结合有关写作知识深入进行专题讲评；可组织学生写出作文后记，在课上发言谈心得体会，教师总结，揭示写作的规律等等。教师在讲评中一定不要伤害学生的自尊心，要保护学生的积极性。在实际课堂教育中，即使是同一种课型，也会出现多种形式。形式是受内容决定的。不同的课文，不同的教育内容，不同的教育目的和要求，决定不同的教育形式。而且，还要考虑到教育对象，应从学生的实际出发，讲求教育的客观效果。另外，就教师而言，个人总会有自己的教育风格和特点。教师也要善于扬长避短，发挥个人的优势，使课堂教育富有鲜明的特点。

第二节　听说读写相辅相成原则

语文新课程标准明确提出：要进一步提高学生阅读能力、写作能力和口语交际能力。语文教育基本任务应该是：以能力训练为主，重视文化熏陶，全面提高学生的语文素养，培养学生正确理解和运用语言文字的能力。

一、有目的地培养学生"听"的能力。

在传统语文教育中，"听"通常是指学生上课时听教师讲解，是一种学生被接受知识的"听"。久而久之，学生坐享其成、不动脑筋的听课习惯形成了。有目的地培养学生"听"的能力有以下三个方面。

（一）要培养学生"听"的兴趣

要求教师上课生动、有趣，以充分调动学生爱听的积极性，培养学生"听"的兴趣，更为学习课文做了铺垫，收到了事半功倍的效果。

（二）要培养学生良好的"听"的态度和习惯

这就要求教师在指导学生时，要了解学生，根据不同的个性选择不同的方式来加以引导。使学生学会在听的过程中，用点头、微笑、赞许、关注的眼神来注视对方；用表情及简短的语言来启发对方；不轻易打断对方的话；允许对方发表和保留不同的意见。

（三）要培养学生掌握"听"的科学方法

要求学生集中精力，面对说话的人和所表述的话题，注重唤起相关的知识、资料、概念和想象，形成有关这个话题相关的互动。围绕对方说些什么，为什么这样说；对所听到的词句及重点都要有心理反应和认知上的反馈；在"听"的过程中能够进行快速的总结和评价，对所听到的内容，能区分主次，自觉形成整体观念，从而在心中牢记需要记忆的内容。

二、有计划地培养学生"说"的能力。

在语文教材中，有些单元后面安排有"口语交际"这一部分内容，可见"说"的能力训练的重要性。语言是人类重要的交际工具。用语言来表情达意的过程就是"说"。教育上的"说"，不只是教师授课，学生在课堂上回答问题，应该是一种学生主动用自己的语言来表达思想的技能训练。因此，这种"说"的能力的培养，要有计划、有步骤地进行。

（一）在课堂内进行"说"的训练

课堂上要想方设法为学生营造"说"的环境，充分给学生"说"的机会，将课堂这个舞台真正交到学生手中，为他们创设一个最佳的语言环境。例如，我们可以让学生在课前几分钟谈谈昨天的报纸，自己感兴趣的新闻、时讯，让学生自由讨论，畅所欲言，以培养学生说的能力，同时在语文教育中，多鼓励学生敢于就教育内容发出质疑，提出自己的见解。围绕教材，旁征博引，激发他们学习语文的兴趣，增强他们说话的本领。

（二）在课堂内进行"说"的实践

可以进行叙述、说明等"说"的实践活动，让学生复述课文、介绍自己、口头描述周围的人和事等；如果进行各种朗读和表演活动，可以结合课本中散文、诗歌、剧本、小说等不同语言特色，使课堂教育适当地小品化、朗诵化、故事化。

（三）可以在课堂外进行"说"的实践

如经常举行小型主题班会、故事会、演讲会、辩论会、诗歌朗诵会等以"说"为主的活动，培养学生社会实践、交际和面对能力。

三、有步骤地培养学生"读"的能力。

教师在课堂上往往重视课文的朗读、精读、泛读、略读，却往往轻视"读"的能力的训练。应该在重视朗读、精读的基础上，更强调泛读、速读的能力训练。"读"是一种口、眼、耳、脑并用的语言训练形式，是语文教育的一把重要钥匙。

（一）要激发和培养读的兴趣

语文教材中的篇章都是经过科学筛选的范文，具有典型性、科学性、实用性等特点。教师要充分挖掘教材中"读"的趣味点，对范文的谋篇布局、风格特点、题旨意境等进行生动的分析和点拨，使学生想读、爱读，最终达到理解文章、为我所用的目的。

（二）要注意训练学生泛读能力

主要体现在引导学生广泛阅读课外书籍，尤其是名家名著，鼓励学生多读书、读好书、好读书，提高课外阅读量，并达到一定的数量。在泛读的基础上，让学生养成良好的读书习惯，提高学生读书的速度，培养速读的能力。

（三）要培养学生掌握科学的阅读方法

这是语文教育的难点。最有价值的知识是关于方法的知识。掌握了方法，就掌握了金钥匙。因此，教会学生科学的阅读方法，能使其终身受益。

有步骤的阅读方法包括读书、理解、领悟、应用，形成一个有机整体。其一是读书，可以提高学生学习的兴趣，养成良好的学习习惯。其二是理解，训练学生的阅读思维能力，能够快速地掌握书本内容的结构、思路、特点。其三是领悟，注重读后有所启发、有所感触、有所创新，能写出自己的体会和感想。其四是应用，将书本的知识和自己的体会运用在实际生活和学习当中，检验自己的阅读成果。

四、有意识地培养学生"写"的能力。

教育实际中，"写"往往只是一种被动的训练。语文教育上的"写"，应该是一种让学生学会观察生活、思考人生和表情达意的创新方式，是一个充满活力的心理行为过程。

（一）指导学生注重平时的观察、思考

教师要指导学生平时注意观察生活、积累写作素材，通过学生实际的体验，唤起他们的思维和兴趣，从而写出自己感兴趣的东西。必要时，教师可进行适当的指导，发挥示范和激励的作用，根据学生自身特点选择不同的方法指导学生。

（二）注重对学生的写作训练

以记叙熟悉的生活为主，使学生能写自己所熟悉的内容，从而克服写作训练中的盲目性和畏难情绪。可以以一个方面的说明、一个角度的论述为基础，逐步积累写作经验。同时，教师还要及时对学生作文进行指导，上好作文讲评课。

（三）有意识地培养学生的写作能力

可以在课堂上让学生充分发挥想象力去写作。如学习《两小

59

儿辩日》时，可让学生根据故事情节发挥丰富想象力进行课本剧编写和表演，根据文章主旨进行小型辩论赛，课后让学生把课本剧和辩论赛内容写成作文，这样有趣的活动激发了他们学习课文的兴趣，提高了课堂教育的有效性，同时，更在潜移默化中提高了学生的写作能力，可谓是一举多得。

综上所述，在新课改教育理念下，"听、说、读、写"这四种基本能力训练是一个有机整体，缺一不可，它们相互促进，相辅相成，是语文素质教育的重要组成部分。我们只有抓住这四种基本能力的训练，才能切实提高课堂教育的有效性，提高学生快速的思维能力和语言运用能力，以达到全面提高学生语文素养的目的。

第三节　语言训练与思维训练相结合原则

语文是人们交流思想的工具，是学习和生活的工具，它具有工具性。而说出的话，写出的文章，又总要反映一定的思想，它又具有思想性。工具性和思想性是语文学科所反映出的两种基本属性。"语言——思维"型教育区别于"文字——语言"型教育的一个基本特征，就是在整个语文教育中要以语言和思维训练为核心，实行语言训练和思维训练的密切结合。

语文学科之所以能够反映出工具性和思想性，是因为语文包含着语言和思维这两个更核心的因素，是这两个核心因素相互作用的结果。语文能充当交流思想的工具就是因为它一靠语言，二靠思维。无论是说给别人听，或是听别人说，无论是写文章给别人读，或是读别人写的文章，都是既要靠语言，又要靠思维。就是说，语文是靠着语言和思维这两个核心因素及其相互作用，才有了"听说读写"的思想交流过程，才表现出了它的工具性。语文又能表现出思想性也是因为它一靠语言，二靠思维。人们说出的话，写出的文章，都是一种思想的表达。而这种思想是靠语言和思维的共同作用才产生的。当一个人在生活实践中遇到了某个问题，就会在头脑中针对这个问题以语言为工具对已有的知识经验进行思维加工，最后形成一种认知，这就是思想。可见，离开了语言和思维，也就不可能形成思想，语文也就不会具有思想性。由此可见，工具性和思想性是语文学科的两种基本属性，但它们又是通过语言和思维这两个核心因素的相互作用才表现出来的。因此，语文学科更深层的本质或根本属性，是语言和思维相互作用的辩证统一。

在语文教育中，需要对学生进行的训练是多方面的，人们过去把最基本的训练归纳为听、说、读、写四个方面。听说读写既然是人们以语文为工具进行思想交流的四种基本过程，也是语言能力表现的四个基本方面。听说读写的能力提高了，整体的语文能力也就提高了。无论听说，还是读写，它所表现出的还只是一种外在的能力，而决定这四种外在能力的内在的、核心的东西是学生实际的语言能力和思维能力。认识了这一点，我们在语文教育中就不能单纯地用听说读写去训练听说读写的能力，而应该重视语言和思维的训练；同时，也不能把听说读写的训练和语言思维的训练看成是同一层面的东西，而应该以语言和思维训练为核心，去带动听说读写的训练。

在语文教育中要体现语言和思维训练的核心作用，主要应该处理好以下几种基本关系：

一、处理好语言和思维训练同听说读写之间的关系

语言承载着思维的信息，是语言和思维在共同起着作用。而听说读写又是语言和思维共同作用下的外在表现形式，离开听说读写，语言和思维便失去了得以外化并与他人进行思想交流的条件，它只能永远保留在自己的头脑中。正因为听说读写和语言思维存在着这种相互依存的关系，所以在实际的教育中就应该将语言和思维的训练同听说读写密切地结合在一起。要做到二者的结

合，又必须注意以下两点：

（一）要注意在听说读写的过程中必须突出语言和思维的训练

在实际教育中，往往有这样两种不正确的认识：

一是认为只要让学生多听多说多读多写，听说读写能力自然便会提高。事实证明，如果忽视了听说读写过程中语言和思维的训练，一味强调学生多听多说多读多写，则必然事倍功半，不能收到好的效果。比如阅读，即使每篇课文学生都可以背出来，但生吞活剥，不求甚解，既不懂得文章的语言好在什么地方，又不懂得作者是如何思考问题的，学生仍然不会学到更多更好的东西，形不成什么能力。

二是认为既然语言和思维与听说读写有着密切的关系，那么抓好听说读写也就自然而然地提高了语言和思维的能力。这种认知也是不对的。语言和思维能力的提高是要靠听说读写，但只有在听说读写过程中有意识地强化语言训练和思维训练，语言和思维能力才能提高。比如写作，如果不在语言和思维方面提出要求，学生当然也要思考，也要用语言来表达，但毕竟是不自觉的、盲目的，他的进步也必定是缓慢的。因此，必须克服以上两种不正确的认识，在听说读写过程中有意识地突出语言和思维的训练。这就需要我们在每次的听说读写活动中都必须在语言和思维两个方面提出明确的训练目的和要求，提出具体的训练方法和措施，通过听说读写活动使学生的语言和思维都得到很好的训练。

（二）要注意语言和思维的训练必须结合听说读写活动来进行

以语言和思维训练为核心，并不意味着去孤立地搞语言和思维的训练，而必须将语言和思维的训练紧密结合到听说读写活动的过程中。如果把语言和思维的训练与听说读写搞成两张皮，非但语言和思维的训练会流于形式，而且听说读写也不会收到好的效果。在听说读写的过程中要突出语言和思维的训练，而语言和思维的训练又必须贯穿于听说读写的过程中，这才是正确的认识。

二、处理好语言和思维训练同知识经验的积累及非智力因素发展的关系

知识经验对语言和思维发展是十分重要的。知识经验是思维的材料，思维即是对知识经验的认识加工。正因为知识经验对思维起着重要的作用，所以我们既不能只重视知识的传授而忽视思维的训练，也不能脱离知识经验而孤立地去搞思维训练。正确的认识是，只有重视学生知识经验的学习和积累，才能从丰富思维材料上为思维发展创造必要的条件，这才是真正体现语言和思维的核心作用。为此，在教育中一是要让学生养成平时勤于观察、留意生活的习惯，注意积累感性的经验。同时，也要让学生在观察中勤于动脑，学会分析事物，并能用准确的语言把所见所闻表达出来。这样，学生的感性经验丰富了，语言和思维也得到了训练。二是要让学生养成自觉阅读的习惯。注意积累知识性的材料。目前学生阅读量不足是个大问题，这是造成学生文章思路狭窄、空洞乏味的一个重要原因。要让学生有东西可写，有内容可思考，必须重视扩大阅读量。同观察的要求一样，也要让学生在阅读中勤于动脑，多加思考，向作者学语言，学思维。这样，学生的知识材料丰富了，语言和思维也得到了锻炼。

非智力因素对语言和思维发展也很重要。非智力因素包括情感、兴趣、动机、意志等。且不说语文教育负有培养学生非智力因素的责任，即从学生语言和思维的发展来说，非智力因素也是影响其发展的一个前提条件。以兴趣为例，如果教师教法不得力当激发不起学生的兴趣和积极性，学生便会因为缺乏动力而处于被动状态，语言和思维的训练自然难以收到好的效果。再如情感，记叙文和文学作品的阅读与写作都离不开情感性的语言和情感性的思维，如果学生的情感不能得到健康的，充分的发展，那

么他们的情感性的语言和思维的发展也必然会受到限制。所以为了学生语言和思维的发展，我们还必须重视非智力因素的培养。

三、处理好语言训练和思维训练彼此之间的关系

要体现语言和思维训练的核心作用，除了要处理好以上诸关系外，关键还在于处理好语言训练和思维训练核心内部二者之间的关系。在总体要求上，既要防止脱离思维训练去单搞语言训练的倾向，也要防止脱离语言训练去单搞思维训练的倾向，做到两种训练的有机结合。语言训练之所以要同思维训练很好地结合，就是因为学生的思维对语言的发展起着重要的作用。例如学生作文中出现的用词不当或句子不通的问题，从形式上看是语言的问题，而从内容上看则是思维的问题，是学生还不能正确地理解和运用概念，还不能对事物作出合乎逻辑的判断。事实证明，学生的语言总是随着其思维的发展而向前发展的。如果不重视思维的训练，学生不止思维的发展要受影响，语言的发展也会是不健全的。因此，我们应该在语言训练的同时抓好思维的训练，并且将二者有机地结合起来。例如在词语训练中就应该很好地渗透概念方面的内容；在句子的训练中就应该很好地渗透判断方面的内容；在论证方法的训练中就应该很好地渗透推理方面的内容。不论听学生回答问题还是看学生的作文，不仅要注意到学生语言方面的问题，而且应该从语言的问题中看到思维方面的问题，这样才能使学生的语言能力以及思维能力都得到提高。

思维训练之所以要同语言训练很好地结合，也因为学生的语言对思维的发展同样起着重要的作用。语文的思维是一种以语言为工具的思维。在大脑中，要以语言为工具进行思考。思维的结果即思想，也要以语言为工具表达出来。可以说，离开了语言，便不成其为语文的思维。

因此，语文课的思维训练必然是语言性质的思维训练，是同语言训练结合在一起的思维训练。在语言训练中，每当学生理解和掌握了一个新的词语，一种新的句式，一种新的表达方式，就

寻求到了一个能够反映相应事物的词的标志，增加了一种能够反映自己思维内容的表达形式，思维也就向前发展了一步。正因为如此，我们进行思维训练必须紧密地结合着语言训练进行，只有这样，学生才能既会以语言为工具进行思维，又会以语言为工具进行表达，才会真正形成语言意义上的思维能力。

如果能够在听说读写的过程中抓好语言训练和思维训练，并能将这两种训练有机地结合在一起，同时能够注意从知识经验和非智力因素两个方面为语言和思维的发展创造好条件，也就真正体现了语言和思维训练在语文教育中的核心作用。

第四节　课内教育与课外学习相结合原则

课内教育和课外语文学习相结合、相互促进是语文教育的基本原则之一，这一点在学术研究内外，在广大教师中是有共识基础的。语文教育过程中，以课内教育为基础，把课内教育和课外语文学习结合起来，使有限的课内教育向无限的课外学习延伸和发展，通过课内外学习的相互配合、相互促进，提高语文教育的质量和效率。这项原则是对语文课内教育与课外学习之间辩证关系的科学反映。同时，语文教育发展历史也表明：坚持课内教育与课外学习有机结合。相互促进是全面提高语文教育质量的必由之路。

工具性是语文学科的属性，要求语文教育要使学生形成能力，学以致用。既能够听、读，又长于说、写。听、说、读、写是人们表情达意、交流思想和信息的工具，一方面必须和社会生活取得联系，在社会生活实践中形成并最终接受社会实践效果的检验；另一方面，听、说、读、写能力是必须经过反复历练，紧紧依靠课内有限时间，空间和有限的训练材料是远远不够的，要想历练有效必须向课外扩展。课外语文学习为听、说、读、写等语文活动提供了更广阔的天地。语文学习的外延与生活的外延相等，从家庭生活到社会生活，从衣食住行到世间百业，语文学习无所不在，其范围之广泛，形式之多样是课内所无法比拟的。充分利用可以加强从知识到能力的迁移效果。在学习效率上，课外语文学习也有诸多优势。如学习内容与学习形式的相对开放灵活，可以更好地满足不同层次，不同兴趣爱好同学的心理需求，有利于因材施教，同时课外语文学习更加贴近生活，学习的情境性更强，语文的工具性特点更突出，有利于提高学生学习积极性。可以说，从中学生形成语文能力的全过程看，语文学习是不应也绝不可能划分课内课外的。

随着素质教育在语文教育中的逐步落实，语文教育除完成传授知识，培养能力，开发智力的智力目标，培养思想道德品质的德育目标及提高审美思想的美育目标外，更应在发展个性、增强信心、激发兴趣、传授方法、增长才干、培养开拓创新方面发挥优势，让每个走出校门的学生都是既具有聪明才智，又拥有丰富思想感情和健全人格的"大写"的人。显然，以组织性、计划性、集中性、统一性见长的班级授课制，无法满足语文素质教育的要求。只有冲破单纯的班级授课制，教育活动向课外、向社会、向生活方向拓展，提倡"大语文教育"，采取"一体两翼"的教育结构（一体即课堂教育主体，两翼分别指语文学习环境和语文课外活动），优化学习环境，课内课外相互结合，协调统一，才是解决课堂班级授课制与语文素质教育之间矛盾的出路，这也是确定课内外语文学习结合的现实依据。

一、树立"大语文教育"观念

"大语文教育"是顺应时代发展而产生的一种科学的语文教育思想体系。这一体系的基本思想是：

第一，强调语文教育与社会生活的结合，即通过"一体两翼"的教育结构使语文教育以课堂教育为轴心，向学生生活的各个领域拓展，全方位把语文学习与他们的学校生活、家庭生活和社会生活有机地结合起来，把教书与育人结合起来，把知识学习、能力培养、智力开发及非智力因素的培养结合起来，确保学生接受全面的、整体的、能动的、网络式的培养训练。

第二，强调语文教育与其他学科教育的有机结合。"大语文教育"思想着眼于学生的综合素质的全面发展，追求语文教育内容、教育过程的开放性，使语文学习渗透到学生的一切社会文化环境之中，发展学生个性，进而培养成为能适应时代要求的知识、能力及人格均健全的新人。

正确认识"大语文思想"，必须首先重新认识课内与课外的含义。语文教育的发展趋势表明，课内教育不再指传统的由固定的教室、固定的学生在固定的时间内学习统一教材的教育组织形式。而是指师生按照国家教育计划的要求和新课程标准，完成语文基础知识、基本技能、基本方法，以及初步认识能力的培养训练任务。所以即使是课内教育也不拘泥于固定的场所、统一的形式里，只要以训练学生的基本语文素质为目标，便可认为是课内教育，同样课外教育也不再单指安排在教育规定的时间之外的"课外活动"，而是泛指与课内教育紧密相关的，对课内教育起强化巩固、实践运用作用的所有语文学习形式。课内与课外已不存在严格的界限，他们之间只有学习目标不同，没有学习形式上的差异。明确这一认识，才能在教育实践中更好地把课外学习的方法、手段引入课内，课内学习的经验引向课外；把学生已有的生活经验引进课堂，把课堂所得延伸到生活中去。两项协调发展、共同提高。在进一步认识"课内""课外"含义的基础上，语文教师还应明确"大语文教育"对课内教育提出了更高的要求。树立"大语文教育"观念，坚持课内教育与课外学习的有机结合。充分发挥课外语文学习的优势，是以高质量的课内教育为基础和前提的。课内教育有统一的教育计划，教育内容和质量检验标准，其传授知识训练能力的系统性是课外语文学习所无法比拟的。没有课内学习的思想基础、心理素质、知识和能力，就难以卓有成效地开展课外学习。因此，课内教育必须以其较高的质量水平，为课外学习打下坚实的基础。

二、发挥主体性，加强计划性

开放、灵活、自由、民主是课外语文学习的突出特征。课外语文学习的收获及效果可以说与开放、民主的程度成正比。教师切记干涉过多，如若课内满堂灌，课外还是满堂灌，学生必感索然无味。发挥学生的主体性并非自由"放羊式"，教师在教育、指导过程中要赋予每个学生平等的权利，为学生提供和体现他们主体性的条件和环境。教育他们争做主人，会做主人。同时，为确保课外学习的有效性，达到课内外学习的相互促进，加强课外学习的目的性和计划性是十分必要的。在制定学期、学年教育计划时，要本着课内外结合的原则，同时制定出课外语文学习的计划，使课外学习在内容和目标上与课内学习相联系。明确的目的性，严格的计划性是课外语文学习的可靠保证。

（一）课外阅读，给大脑充电加油

课外阅读是最经常最重的语文课外活动。语文教师都有这样的体会：大凡语文成绩好的学生一般都爱读课外书籍。大量的阅读，是学生全方位获取语言信息，立体化发展语言能力的有效途径。

随着教育现代化事业的不断推进，学校均配备了一定规模的阅览室，有的还有电子阅览室，知识量的日益增大，给学生的课外阅读提供了十分有利的条件。教师应充分发挥各种有利因素，广开渠道，开展各种阅读活动，使学生得法于课内，受益于课外，起到优势互补的作用。一是根据教育内容，穿插运用好阅读，二是组织学生到阅览室进行专题性阅读，三是鼓励学生根据自身情况，自由借阅，每周必读一本。

开展课外阅读，应注意以下几点：第一，要有目的、有计划地安排读书活动。第二，让学生学会选择读本，做到内容适宜，口味相符，有益身心。第三，要教给学生阅读方法，如做好笔记等，培养认真读书的习惯。第四，不断激励，持之以恒，养成自觉读书的良好习惯。

（二）兴趣活动，促个性蓬勃发展

兴趣是人积极探索和认识事物的助力。未来社会是个创新的世界，要提高全民族的创新能力，就要培养每个人的创新能力。学生某一方面的特长、才能，往往从兴趣开始，而稳定的兴趣又能使人形成能力。学习语文也是如此，学生对语文的兴趣一旦调动起来，将会更好地促进学生个性发展，加速语言能力的形成，大大地提高语言学习的成效。因此，语文教师要根据学生的兴趣爱好，引导并组织他们参加校内和班级的兴趣活动，如组织书法小组、朗诵小组、写作小组等，学生可根据自己的兴趣爱好自由结合，开展兴趣活动，学期末，各组展示成果，并进行评比。对于能力较差的学生，教师要做贴心人，经常暗中提示指点，给他以"一鸣惊人"的机会，从而促使每一个学生的个性特长得到较好的发展。

（三）自办小报，使才能充分展示

现代科技的发展，要求一个人不仅能动脑，同时又能动手；不仅善于研究探索，又能勇于实践；不仅有知识创新，还要有技术创新、工艺方法的创新。语文课外活动中如何提高学生的语文素质，如何培养创新意识和动手能力，是我们语文教师值得研究的课题。自办小报是一个极好的途径。办好一张小报，要经历收集采编、设计排版、书写绘画等一系列复杂过程。这些过程的完成要靠学生做许多努力，做多方面工作，其中体现了个体的创意和操作水平，是学生综合能力的展示。教师可根据某一主题，让学生将课内外相关知识汇编成各种小报。

自编小报，也应注意几个问题：

第一，主题选择要恰当精心。一是学生喜闻乐见，二是资料来源要广，便于学生采集信息。

第二，合理安排办报次数，一般说，一学期不超过4次（每月一次）。

第三，体现兴趣性。不必强求每人 1 份，非交不可，以免给学生带来心理负担。

第四，注意点评激励，使他们越办越爱，越办越好。

（四）开展竞赛，让欲望不断迸发

学生爱自我表现，具有较强的荣誉感。开展多种竞赛活动，能有效地调动学生的学习积极性，激发他们的创造和表现欲。在争相表现和争获荣誉的过程中，充分表现出创优的热情，创造的欲望也自然激发升腾。因此，教师可在语文课外活动中适当组织开展一些竞赛活动。如书法比赛、朗诵比赛、故事大王比赛、小报评比、作文竞赛、演讲比赛、红色歌曲比赛等。通过各种竞赛，激发他们学好语文的欲望，从而努力学习，不断进取。

除了以上四种，还有许多形式，如：参观访问、"信息交流会"、排演课本剧……总之，多种形式的语文课外活动，有助于学生增加知识积累，得到智慧启迪，陶冶思想情操，有助于提高学生的语文素质，培养学生的创新意识和动手能力。

语文教育的各项原则组成是一个完整的体系。在教育实践中，他们各负其责又相互配合，从不同侧面指导着语文教育，教师只有全面、深刻的把握各项原则的本质、特征、要求，了解他们之间内在的逻辑关系，并能在教育过程中准确灵活地运用，方能收到理想的效果。

第四章　小学语文教育备课的创新

人们要做好任何一件事情，都要预先有准备，有了准备，则可以获得成功，没有准备，则会遭到失败。语文教师上课也是一样，要想取得较好的教育效果，必须课前认真备好课。备课是语文课堂教育的一种预先设计，有了这个预备过程，才能把语文课上好。因此，再优秀的语文教师，在上课之前都无一例外的要做一番准备工作，只不过有的时间花得长些，有的时间花得短些而已。

语文备课从内容上来划分，大体上可以分为两类：一类称之为广义备课，它泛指一切能提高语文教育水平的准备活动，甚至包括语文教师平常的看书、看报、网上阅读、看电视等活动都可以视为一种广义的备课。另一类是狭义备课，它只是指语文教师为完成本学期或本堂课的教育任务所做的一系列准备活动。如熟悉教育大纲，钻研语文教材，编写教育计划或教案，选用或制作直观教具，了解学生情况等活动。狭义备课又分为学期备课，单元备课和课时备课三种。按备课与上课相距时间分，备课步骤可分为课前备课和课后备课。

第一节　小学语文教育备课种类

一、学期备课

学期备课是指在学期开始之前，教师在通览整册教材（通常是一学期一册书，有的学科例外）和钻研教育大纲或学科课程标准的基础上，制订出整个学期的纲要式教育打算。这是每一个教师在新学期开始时必须充分准备好的一门"功课"。

通览教材是学期备课不可缺少的基础性准备工作。通览教材对于提高学期备课的质量具有十分重要的作用，具体说来有以下三点：一是可以明确整册教材内在的逻辑系统，有助于理清整个学期的教育思路；二是可以明确教育内容的重点，有助于在讲课时突出重点；三是可以明确整册书的难点和关键之处，有助于了解教育的困难所在，以便有针对性地找一些参考书和准备一些必不可少的教具、制作一些多媒体课件等。通览教材当然要看整册书，并且仅仅看一遍是不够的。在通看一遍之后，还应进行必要的分析和思考：要摸清编者的总体意图，准确地把握整册书总的教育目的；要弄清楚教材中各个部分在整册书所占的地位，区别重点和非重点；在阅读教材内容的同时，还应考虑如何利用这些知识载体来培养学生的学习能力和发展他们的智力。

学期备课是整个学期某一学科教育工作的宏观指导，因而是"纲要式"的，主要内容包括以下几个方面：①确定整个学期的教育目的，即通过课堂教育想要得到怎样的教育效果；②提出整个学期最基本的教育要求，即向学生指出应该怎样与教师一起共同完成教育任务；③明确整个学期教育内容的重点，正确处理好重点与非重点之间的关系；④安排好整个学期的教育进度，合理分配各单元教育内容所占用的教育时间。

二、单元备课

各科教材通常根据教育内容的不同特点分为若干个单元，每个单元由类型相仿、结构相似、教育要求相同的几部分内容构成。单元备课是学期备课之后、课时备课之前教师必须做好的一项承前启后的工作，是对本单元的教育内容如何在课堂教育中加以实施的总体考虑。

单元备课的基本要求有如下几点：

第一，对本单元的教材内容在浏览的基础上进行分析研究，着重体会本单元编排的目的和意图，以确定本单元的教育目的和教育要求。

第二，了解和掌握本单元教材的难点、重点和关键之处，确定各部分教育内容地位的主次、顺序的先后以及不同的详略程度。

第三，要根据上述两点来安排各部分内容的具体授课时数，要注意突出重点与兼顾一般相结合，如即使让学生自学的内容，教师也应安排一定的时间加以指导。

第四，要根据本单元内容的具体特点和基本教育要求，确定教育时采用的基本教育方法，同时也要考虑好其他各种辅助性的教育。

三、课时备课

课时备课即为写教案，这是一项基础性工作。无论是学期备课，还是单元备课，最后都要落实到课时备课中去。

课是一节一节上的，教师备课时要根据不同教育内容的具体情况，在规定的一节课的时间内把要讲授的内容安排和组织好。某些教育内容（如语文教材上的某篇课文）一节课的时间不够用，可放在两节甚至多节内讲完。

不过，教案写起来是以课时为单位的，每一节课有每一节课的主要内容，备课时要写清楚每一节课各自应完成的教育任务。当然，这里说的以课时为单位安排教育任务，并不是说节与节之间不能"搭界"，恰恰相反，对于花两节课以上讲完的某些教育内容，备课时应当十分注意做好上下节课之间自然过渡和巧妙衔接的工作，如当上一节课结束而某项教育内容还未全部完成时，教师可布置些思考题，以使学生对下面的内容进行必要的预习和思考；而在下节课刚开始时，应先对上一节课的教育内容作简要的教育回顾之后再讲余下部分，这样，学生对余下部分的教育内容学习起来会觉得比较方便并能较牢固、较完整地掌握全部教育内容。

要写好教案，首先要进行精心的教育设计，而要完成优质的教育设计，必须先要弄清楚教育设计有哪几个必要步骤。教育设计通常包括以下几个步骤：

第一，确定教育目的。根据"学科课程标准"的要求，根据学生现有的学习基础和学习能力，从教育内容的实际出发，确定具体的教育目的。以往教育目的一般包括以下内容：基础知识和基本技能要点、思维能力训练要点和思想情感教育要点。现在新课程的教育目标则包括三个维度：知识和能力、过程和方法、情感态度和价值观。

第二，处理教育内容。明确教育内容的重点、难点和关键之处，尤其是要注意那些重点兼难点之处，同时也要注意兼顾一般。对于非重点内容，不能统统丢掉，也要适当加以关注。

第三，安排教育程序。确定构成整堂课各个环节的先后次序，研究教育时各个环节之间的联系和转换，既要使一堂课成为一个有机的整体，又要使各个环节具有鲜明的节奏感。

第四，选择教育方法。根据教育内容的具体特点，选择合适的教育方法。选择的标准是采用这些方法能较快地讲清知识要点，能引起学生的学习兴趣，培养学生的能力和发展他们的智力。

第五，考虑选择和编制最适合教育内容的练习。这些练习必须符合以下两个条件：一是能使学生得到强化刺激，有利于他们巩固知识；二是能使学生掌握后加以迁移，在具体运用过程中把知识转化为能力。

教案是课堂教育的实施方案，也称课时计划，它是教师进行课堂教育的主要依据。教案虽然没有固定的格式，但通常包括以下一些内容：章节课题（如语文科的某篇课文、数学科的某条定理的证明等）；教育目的（教育设计部分相关内容具体化，需要强调的是重视能力培养和思想性与科学性相结合）；课的性质（是以系统教授新知识为主，还是以复习巩固旧知识为主）；课的结构类型（是单一课，还是综合课）；教具和板书准备等（教具要注意必要性和有效性，板书要集中书写，一堂课一个版面要成型）；教育重点（包括课堂练习和家庭作业）；教育方法（以一种为主，同时以其他辅助方法）；效果检查（包括口头提问和书面测试等）。

除了以上所述基本内容外，有的教案还附有"教育说明"。"教育说明"是教案的补充，主要讲述自己的备课思路：结合学科课程标准和教育内容实际，说明自己进行教育设计的依据、重点和特色；具体分析教育步骤，着重阐明自己设想如何一步一步地完成教育任务，最后达到预先确定的教育目标。"教育说明"不必面面俱到，要写得简明扼要，把自己的备课思路清晰地呈现出来。

四、课前备课

课时备课（写教案）是备课的基础，因为教案是"脚本"，经过课时备课，"脚本"有了，登台"演戏"就不担心手足无措。然而光写好教案还不能看作真正意义上的"已经准备好了课"，教师在走进教室上课之前，还有一道不可少的工序——课前备课。

在写好教案之后走进教室之前，教师应再一次认真阅读一遍教案，审视教案中的不恰当或不完善之处加以改正（不仅要关注教育内容方面有无错误之处，同时还要关注课堂教育的各个环节安排以及程序、方法等方面有没有问题）；经过深思熟虑，对教案进行必要的修正，使得教案中制订的课时教育计划尽可能完美地在课堂教育中得以实施。这一过程就是课前备课。

课前备课的主要内容包括以下几个方面：

（一）备内容

主要应考虑这样几个问题：看看按教育要求应该传授给学生的教育内容是否有遗漏的地方，其中的重点部分是否能通过讲解，清楚地展现在学生的面前，自己是否对全部教育内容真正透彻地理解了，是否经得起学生质疑等。

（二）备情感

这里主要是指精神状态，上课前自己的心情是否舒畅，情绪是否愉快，信心是否充足。要尽量设法调整到最佳状态。上课前半小时（尤其在课间短暂休息时）就应把手中正在做的其他事情停下来，以免分心。

（三）备方法

想想教案上确定的教育方法在教育过程中如何得到很好的体现，是否还有更适合学生的方法。如有几种方法可供选择，即应加以比较分析，尽可能挑选效果最佳的那种加以运用。

（四）备语言

要考虑根据具体的教育内容的性质特点，选用能简洁明了地讲清教育内容，让学生理解起来十分容易的语言，切忌课前不做充分准备，上课时不着边际地"信口开河"。

五、课后备课

教师上完课，并不等于某一内容教育过程的结束，正如还未走进教室，教育过程早已实实在在地开始了（课堂教育的起点在教师的备课）。

因此，要保持整个教育过程的完整性，课后备课是一个不可缺少的重要环节。下课后（教育内容一节课完成的，当堂结束后；几节课完成的，在全部教育内容教完后），教师对上课时的教育过程进行必要的回顾和梳理，认真地进行思考，做出实事求是的评价，肯定其中的成功之处，找到值得改进的地方，这就是课后备课。

课后备课的目的在于"肯定成功之处，找出值得改进的地方"，以利于把今后的课堂教育工作做得更好。基于这个目的，课后备课应着重抓好这样几项工作：

第一，简要回顾全过程。把课堂上发生的一个个场面在眼前"浮现"一遍（这项工作应在 24 小时之内完成，因为根据记忆规律，24 小时内回忆经历过的场景，图像最为清晰）。

第二，对照课前备课中的有关计划（包括教育目的和教育步骤），检查课上教育过程的具体实施情况，看看是否已完全实现和完成，如有出入，则要弄清楚哪些地方有所不同。

第三，搜集、整理教育反馈信息（包括在课堂上教育时通过观察学生听课的神情获得的信息、学生练习中"流露"出来的信息以及课后向学生征求看法时得到的信息），并进行必要的分析研究。

第四，在上述几项工作的基础上，对整个教育过程的质量做出恰如其分的评价，包括主观感受（顺当不顺当，满意不满意）和科学评价（教育任务是否完成，教育目的是否达到，教育环节是否有遗漏，学生积极性是否得到充分发挥等）两个方面。

第二节　小学语文教育备课主要内容

对一节课内容的全面掌握、理解是备好一节课的基础，但要备好一节课这只是开始，我们还要抓住重点、把握难点、找出关键，并针对学生采取适当方法等等。

一、备重点

备课时也绝不可以平均使用力量，应根据不同情况区别对待，有所侧重，也就是说要重点做好"备重点"这项工作。备课备重点有两方面的含义：一是要抓住教材的重点内容。所谓重点内容，乃是教材中最主要、最基本的内容，是学习教材中其他内容的基础，如小学阶段语文教育的重点是字、词，因为学好了字、词，便能较容易地读文章、写文章。二是写教案时要确定每堂课的教育重点。本堂课着重要求学生掌握哪些知识或何种技能，而不能"眉毛胡子一把抓"，什么都想抓，结果什么也抓不住。

77

备课时确定重点的一般标准有三条：①基本概念；②基本理论；③基本方法。其中的关键词是"基本"两字，"基本"的含义是"主要的"和"根本的"。也就是说，学习这些知识的意义不仅仅限于获得这些知识本身，将这些知识理解透彻，牢固掌握后有助于学习其他知识内容；学习这些方法的实际意义也远远超过掌握这些方法的具体步骤本身，即不仅能解决当时学习情境中的问题，也能比较顺利地解决其他学习过程中遇到的种种疑难问题。这里所说的确定重点的三条一般标准比较原则，备课时应结合教材的具体教育内容，如语文教材某篇课文中的"画龙点睛"之处（某句"点题句"）。具体到某一课时，则是指本堂课着重要解决的某一问题，如传授新知识课，要把主要精力放在系统介绍教育内容，并把其中的要点阐述清楚；而习题讲评课，则应把重点定在着重剖析大多数学生普遍容易做错的习题的原因上面。

教材重点是就教材的具体内容而言，一般地说，对学习教材中其他内容能起到举足轻重作用的知识点便是教材重点。教材中各个知识点在整册书中所占的地位是不一样的；有的重要些，占的篇幅也多些；有的次要些，占的篇幅也少些。而教育重点则是指那些在课堂教育过程中需要教师着重讲解，要求学生听课时（学习时）特别加以关注的知识点。教材重点与教育重点是两个内涵不完全相同的概念，它们之间既有联系，又有区别。教材重点必然同时也是教育重点，这是毫无疑问的；教育重点则不仅仅指教材重点，而且还包括那些虽不属于教材重点，但在上课时必须要重点讲清楚的内容。教材重点是由其在整册教材中所处的地位和所起的作用决定的；而教育重点的确定，除了要看其是否是教材重点外，还应根据学生的学习基础和可接受程度的实际情况来决定。

二、备难点

教材中的内容有难有易，每节课的内容也是有难有易。所谓难点，是指那些大部分学生所难以较快较好地理解、掌握和运用的知识、比较复杂的技能和比较生疏的技巧。具体地说，对学生而言，通常比较抽象的知识、比较复杂的问题及表面相似、容易混淆的内容都是难点。教师备课时对难点首先自己要理解透彻，同时要从学生的实际可接受程度出发，着力化难为易：对于比较抽象的知识，应当配备生动形象的例子来解释；对于比较复杂的问题，应当通过多层次的分析来化解；对于表面相似、容易混淆的内容，应当用比较的方法指出它们之间的异同。

为了准确地发现、确定和把握住教材内容中的难点，为了有效地化难为易，解决难点问题，促使学生顺利地学习其他教育内容，有必要对难点做一下简要的分析。难点通常来自三个方面：

（一）来自教材

比较抽象的知识、比较复杂的问题以及表面相似、容易混淆的内容是难点。

（二）来自学生

教师应从学生的生活经验、知识水平和理解能力这三个方面去考虑，看看是否具备学习某一教育内容所必须具备的基础，若不具备，则这一教育内容便成了难点。

（三）来自教师

从教师的自身教育素质方面分析，则可从以下三个方面去找原因：一，是否因为受思想水平、教育业务水平的限制；二，是否因为钻研教材的深度不够；三，是否因为选用的教育方法不当，从而导致不能准确地发现和把握住难点，不能巧妙地化难为易，进而导致学生不能比较容易地学习、掌握和应用这些教育内容。

难点的确定与重点的确定不一样。重点的确定是基于这些教育内容必须是"基本的"这一点，掌握了这些内容有利于迁移到今后别的教育情境中去；而难点的确定，则主要考虑这些教育内容对大多数学生而言是很难理解和掌握的，因此，教师在确定难点时不但要考虑学生的可接受程度，而且更要考虑什么样的内容对学生而言是难以理解和掌握的，从中找出一些带有规律性的东西来。

三、备关键

"备课备关键"中的"关键"有两方面的含义：一是指教材内容的某一个"关节处"，如果在这个地方"卡住"了，便不能迅速、正确地理解整个部分内容的意思；二是指在课堂教育进行过程中某一至关重要的环节（或是教育方法转换之时，或是学生听课情绪起伏之际），如若处置不当，则会影响课堂教育活动的顺利进行。

根据"备课备关键"所包含的两个方面的含义，要真正做到"备好关键"也必须从"教材内容的关节处"和"教育进行过程中至关重要的环节"这两个方面去考虑。

对于备"教材内容中的关节处"，教师首先应当把握某一教育内容的整体意思，根据具体的教育要求看其中哪一处具有"如果不弄懂这些知识则会影响学生学习这一教育内容中的其他知识"的特征（先看重点、难点，也可能不是重点、难点）；然后自己加以分析，注意找出这些知识在联系上下文和联系新旧知识中所起的特殊作用，以供课上要求学生注意"关节处"时用；接着再利用教育参考资料和自己平时积累的教育经验，对"关节处"做一番化难为易的工作（如准备一些生动形象的例子，用学生容易理解的语言加以阐述等），只要求学生必须理解掌握的"关节处"清晰地凸显在他们面前；最后还应准备一些让学生课后练习、"消化"用的思考题，以促使他们牢固地掌握这些内容。

对于备"教育进程中至关重要的环节"，一是要注意从整体上加以把握（整堂课准备怎样上，其中特别要学生注意的是哪一个环节），以促使学生了解这一环节的重要性之后，能加以特别关注；二是当这个环节出现之前要有铺垫，要做适当的提示（如教师讲某一例题，整个运算过程写在黑板上之后，要着重分析不同的解题途径及从思维方法角度分析，因为不少学生只会用传统的固定模式，解题之前就要做必要的说明）；三是估计上课时会出现不利于教育过程顺利展开的局面，事先应仔细分析原因（其中主要是学生的心态、情绪等），准备一些切实可行的具体措施，以避免尴尬场面的出现。

四、备学生

在教育实践中，往往只注意传授系统的知识，而很少考虑学生的需要、动机、兴趣以及情感等非智力因素，因而使学生在整个教育过程中处于被动地位。要改变这种局面，教师思想上应确立"学生是教育活动主体之一"的观点，在行动上，必须在教育活动的每一个环节都重视发挥学生的积极性，其中尤其应注意的是教育活动的起始环节——备课，备课中一定要充分考虑到学生的实际情况。

（一）要适应学生智力发展的状况

在确定教育内容时，在提出教育要求时，以及在选择教育方法时，都应考虑学生的实际发展水平，具体说来应考虑以下三个因素：一是年龄特征——尽管同年龄学生之间在智力发展状况方面存在着较大的差异，但是就整个班级全体学生而言，这种差异只是数量和程度上的差异，而不同年龄段学生之间智力发展状况的差异就更不一样了，有着性质和根本的区别，教师应考虑采取适应他们年龄特征的方法进行讲授。二是学习基础——要学生学习新的知识，一定要考虑他们原有的学习基础。新传授的知识如果太浅，他们学习起来毫不费力；如果太深，他们学习起来十分吃力，都不能引起他们对学习内容产生兴趣。因此要从他们原有的学习基础出发，略微超前一些，这样做便能收到较好的教育效果。三是学习能力——学习能力强与弱不相同，学习起来效果就大不一样，如果在教育过程中不恰当地向学生提出过高或过低的学习要求，这对于学生知识的获得和能力的增强显然都是十分不利的。

（二）要适应学生非智力因素发展状况

备课时除了要考虑学生的智力发展状况外，还要注意尽可能适应他们非智力因素的发展状况，其中特别值得考虑的是学生的学习兴趣和求知欲望。学习兴趣是指学生对学习的一种积极地认识倾向和情绪状态，这种认识倾向和情绪状态就是"乐学"。兴趣是学生学习的内部驱动力，是学习积极性中最具活力的部分。如果学生对学习产生了浓厚的学习兴趣，那么不需要教师督促便能积极、愉快地完成学习任务。教师在备课时应尽可能地注意考虑如何使学生对学习活动产生浓厚的兴趣，如结合教育内容增加一些生动形象的例子，提出一些能适应他们现有的心理发展水平而又使他们感到"有些不满足"的要求，选择他们十分感兴趣的教育方法等。求知欲望是一种与生俱来的心理状态，它的起点是对客观事物的好奇心，好奇心向较高层次发展，便形成了求知欲望。学生有了强烈的求知欲望，便会产生较为持久的学习动力；而对学习活动具有持久的动力，便会使学生的思维态势处于主动进攻状态，在这种状态下，取得上佳的学习效果是不言而喻的。教师在备课时应当充分重视培养、激发学生产生强烈的求知欲望，如涉及一些能引起学生深入思考的问题并注意在适当的时刻提出，以使学生的思维较长时间保持在活跃状态；或者组织他们对某些有典型意义的教育内容进行专题讨论，鼓励他们为阐明自己的见解而探索更多的新知识。

（三）备课要着眼于大多数学生和好差两头

备课备学生，着眼点应放在全班大多数学生身上，这是一条重要的备课原则。丢掉大多数而只对少数学生"因材施教"的做法是不可取的。大多数学生容易理解的知识应少讲，大多数学生感到有困难的地方应该多用一些时间讲解，以利于他们及时消化；大多数学生感兴趣的内容应多讲，有时根据教育需要还要组织他们讨论，鼓励他们各抒己见；估计大多数学生有可能感到枯燥无味的地方应当想方设法增加幽默、风趣的材料，以提高他们的学习积极性。

备课备学生，除了要注意把重点放在大多数学生身上这一点外，还应注意到智力发展水平较低、非智力因素方面发展较差的那一部分学生。教师要从他们的实际水平出发，多准备一些低层次、难度较小的材料，讲课时起点适当定得低一些，以便引导他们较快地跟上一般学生的学习速度；应有意识地准备一些适合他们思考的问题与适合他们的练习。这样，他们的信心会有所增强，能力也会有所提高。

备课备学生，还要注意智力发展水平较高、非智力因素方面发展较好的那部分学生。这些学生思维比较敏捷，求知欲比较强，往往不满足课堂教师讲的一般性内容。教师备课时要根据他们的实际水平，多准备一点他们感兴趣的东西，布置一般性作业后可再适当布置一些适合他们思考的练习。

五、备方法

备方法，指的是备教育方法，也就是指"解决课堂教育中可能出现的问题的门路和程序"。在明确教育任务和教育目的基础上，考虑采取何种门路和程序把知识传授给学生，启迪学生的心智，这确实是一个值得每个教师备课时考虑的问题。有人说，方法有"巧"与"笨"之分，巧方法事半功倍，笨方法事倍功半。这话当然是有一点道理的，但又不完全正确，因为不管是"巧"方法，还是"笨"方法，其实际效用如何，还得看用得合适与否：用得恰当，"笨"方法也能收到好效果；用得不适当，"巧"方法也没有多大用处。几种方法交替使用，搭配得好，效果会奇佳；搭配得不好，效果就极差。因此，教师在备课时应当精心加以准备（选用何种方法，挑选哪几种方法加以合理组合），如果备课时把教育时要采用的教育方法选择组合好，那么上课时就不会胸中无数，手足无措了。

（一）要注意教育方法的多样性

语文课并不是教师一人一法。当然，上课时随意发挥，效果会大打折扣的。一般说来，每堂课至少要有三种教育方法交替使用，这样才不至于让学生听课时产生枯燥乏味的感觉，当然，多种方法交替使用并不等于平均使用，教师应根据课的不同性质，每堂课均应以一种方法为主（如传授新知识课以系统讲述为主，复习课以学生练习为主），同时辅之以其他方法。

教育内容不同，教育目的不同，选择的教育方法当然也应有所不同。如果以传授知识为主，在备课时就要考虑如何把知识加以概括、归纳，使之系统化，使之重点突出；而如果以训练学生掌握技能技巧为主，那么在备课时就应当多准备些典型例子以便讲课时通过示范让学生掌握要领，同时应配备较多的同类型练习题，以供学生练习用。如果以传授新知识为主，就应以教师系统讲述为主要方法，备课时应把注意力集中在如何将其中的重点和关键之处讲清楚（当然也要准备一些事先加以复习的与新知识有联系的旧知识）；如以复习旧知识为主，备课时应着重考虑这些知识的难点所在，如何选择一些新鲜材料使之化难为易，可以提出一些思考题让学生在练习、讨论过程中使用，以对这些知识加深理解。

（二）要考虑学生的年龄特征

不同年龄的学生，由于生理和心理发展水平不一样，因此对不同教育方法适应程度也不一样。如果教师"以不变应万变"，不加区分地用同样的方法施教，那么效果一定是相当糟糕的。因此教师在备方法时一定要加以区别对待。如若教育对象是小学低年级学生，由于他们自我抑制能力较差，集中注意某一事物的时间较短以及抽象思维能力还较弱，因此，备课时要注意尽可能地多举一些他们容易理解的具体例子，把教育内容与他们的生活实际联系起来，教师单独连续讲授的时间不宜过快，因此，备课时应考虑如何比较系统、比较完整地讲述教育内容，在此基础上还可提些稍有难度的问题让他们思考和讨论。毫无疑问，针对不同年龄段的学生，选择不同的授课方法，是比较容易收到理想的教育效果的。

（三）要注重富于变化的方法

富于变化的教法会使课堂教育过程变得更有朝气，因而也就比较容易引起学生的学习兴趣，把学生的注意力吸引到教师所希望他们关注的教育内容上来。备课时考虑教育方法，不但要注意到不同类型的课不能用相同的方法教，而且即使备相同类型的课，选择教育方法时也应有所变化。

一方面，一节课当中可以选择不同的教育方法（特别是连续进行的几堂课），以避免学生产生单调枯燥感觉，使他们对教育内容保持一种新鲜感；另一方面，选用的方法尽管相同（如同样选用教师讲授、学生练习和师生问答三种方法），但最后程序不一样，同样能使学生产生颇为新鲜的感觉。

六、备问题

教育思路均应遵循这样一条思维路线：提出问题——分析问题——解决问题。教育目的由此得到贯彻，学生会更好地获得知识和增长才干。学生带着问题学，教师带着问题教是课堂推进和深入的动能。因此，备问题是备课过程中不可缺少的一个环节。

问题备得好，教育思路一下子就会变得清晰，整个教育过程便会变得通畅，课堂教育的效果也是相当理想的。然而要真正备好问题，必须要有以下几个前提条件：一是必须把教材内容钻深钻透，在此基础上，重点考虑这样一些问题：这一部分教材的基本内容是什么，重点在什么地方，有没有特别难以理解的地方，怎样提问才能使学生较快地消除疑问、明确重点和掌握基本内容；二是必须结合教育大纲和教育参考资料准确地理解和把握这部分教材内容的教育目的、要求和编者的编写意图，在此基础上，再考虑提出哪些问题能使学生比较容易地学深学透这部分内容；三是必须对学生的学习基础和学习兴趣加以正确、全面地了解，在此基础上准备的问题当然会更加切合学生的实际和更受学生的欢迎。很明显，具备了以上三个前提条件所备的问题，是备到"点子"上了。如果在教育过程中适时加以提问的话，获得良好的教育效果是完全可以预期的。

备问题，教师应预先设想在讲课过程中学生可能会提出的问题，并准备做出相应的解答。预先准备好以后，讲课时把教育内容讲完后紧接着便可用"有的学生可能要问……"等语句加以过渡，不等学生直接提出便加以解答，这样做既可解决学生在学习过程中的一些疑问，又可使整个教育过程显得颇有条理和比较紧凑。但是，并不是所有问题都适合用此法的。

第三节　小学语文教育备课的依据

备课标、备教材、备学生是教师备课的三个基本和重要的要素。我们把备课标和备教材放在这节课来交代，主要是突出课堂所讲内容和课前必要的准备内容。二者同等重要。

教师备课既有它固有的规律也有必需的依据。阅读和审视教材是基础，课程标准是我们必须遵循的依据，使用参考书籍是方法的选择和参照，信息储备是备好课的需要。此外，我们在备课时还要充分考虑学期计划、单元要求等。

一、仔细阅读教材文本

文本是教育的主要凭借。细读文本是发现文本潜在思想、主旨、艺术特点的重要途径。只有对文本了然于胸，才能倾倒如水。课前，教师要先和教材对话，即钻研教材，只有对教材把握好了，才能很好地和学生对话。小到一个标点、一个词语、一个句子，大到一个段落、文章结构，都要精读、研读。

教师对文本的细读主要包括，作者的写作意图、课文的主旨、语言特点、艺术风格、课文重点段落等。在此基础上我们就可以考虑学生要掌握的重点、理解和借鉴的难点、讲解课文的切入点、课堂训练的关节点。

二、钻研学科课程标准

课堂教育过程，是由"教"和"学"双方构成，由教材作为中介连接起来的。教师备课时要对教材作充分的研究，这是没有疑义的。在备教材之前，一项必须做的工作是要认真钻研学科课程标准。如果学科课程标准没有理解深透，备教材往往备不到"要点"上。也就是说，即使耗费了大量精力，效果也会大打折扣的。

教师备课时必须认真钻研学科课程标准，因为，教材只是教师讲课时所依托的材料，它是受学科课程标准制约的。从理论上说，学科课程标准是必须遵循、不能违背的，而教材则是可以由教师自由地加以选择的（当然，现在的实际情况与之尚有一段距离）。教师的讲课，应以完成学科课程标准所规定的教育要求为目的，在教育过程中对教材作讲授、解释以及必要的变动，均不得脱离学科课程标准的基本要求。

教师在备课前钻研"学科课程标准"是备教材之前的必要准备。只有准确的理解和把握其精神实质以后，才能去接触具体的教材钻研"新课程标准"的思路和步骤。

第一，先通览一遍，对其基本内容和框架结构有个大体的了解（要把第一部分总纲和第二部分学科课程标准两部分的内容系统地读一遍）。

第二，接着重点阅读"学科课程标准"部分，从目标、课时安排、教育内容和要求到教育评价和成绩核定，了解本学科的基本要求。

第三，再接下来着重阅读"教育内容和教育要求"部分，因为这部分的要求较之目标部分更为具体，理解透彻后有利于备教材时向学生提出较为具体的教育目的和教育要求。

第四，最后还应该把这要求、标准分为不同的等级，根据所教教材属于不同的年级"对号入座"。

一般来说，钻研"学科课程标准"这项工作应在学期备课开始之前进行，这样有利于从总体上把握其精神实质。但这并不等于说，平时便可将其抛置一旁。为了在教育过程中向学生提出的要求更为准确起见，在备教材的具体内容时也应时时加以对照。

三、处理好书内与书外的关系

备课时要正确处理好"书内"与"书外"的关系，要"紧扣课本"，同时也要"适当补充课外内容"。

课本是按照学科课程标准的基本要求编的，因此，一般来说，紧扣课本讲解比较容易达到教育目的。"紧扣课本"要注意以下几点：要多留出一点时间让学生熟悉课本内容，要根据课本内容提出预习提纲或思考题，教师则应少讲些，只要精讲其中最基本的内容就可以了；要尊重教材，但并不是要"照本宣科"，教师讲解教材内容时一定要经过自己的咀嚼和消化后，用学生容易理解的语言表达出来；编写练习题、布置作业均要以课本为主要依据，自己编写的练习题，其难度不应超过课本上练习题的难度。

毫无疑问，教师备课时必须紧扣教材，必须摸清教材编者的思路，要尽可能地按照教材固有的逻辑顺序讲解，但这并不等于说书外的任何内容都不能补充。恰恰相反，为了更好地讲透课本内容，教师在阐述时不但可以而且应当有所补充和发挥（这补充和发挥的有关内容在备课时就要准备好）。"适当补充课外内容"要注意以下几点：

第一，因为教材一般来说比较概括，所以教师备课就应作适当补充，使之变得具体，比如说结合课本内容补充些生动的实例、恰当的比喻和有趣的传闻事实等。

第二，作适当补充的目的一定要明确，是为了帮助学生更好地理解和掌握课本内容，因此，与课本内容无关的或关系不大的，都不应补充进去。

第三，补充后应做些必要的阐述，要防止补充的材料不加分析地堆砌在一起，因为补充书外的内容不是目的，而只是一种辅助学生更好地理解课本内容的手段，只堆砌而不分析，是达不到补充的原本目的的。

第四节　小学语文教育中的集体备课

集体备课是当前基础教育中提高教师群体素质、提高课堂教育效率的有效途径，是一种群众性的教育活动。富有实效的教师集体备课，可以发挥教师的集体智慧，培养教师的合作、研究精神，促进教育相长。通常情况下集体备课是以年级组为单位，组织教师开展集体研读大纲和教材、分析学情、制定学科教育计划、分解备课任务、审定备课提纲、反馈教育实践信息等系列活动。

一、集体备课的重要性

（一）新课标理念的要求

新课标积极倡导自主、合作、探究的学习方式，而这种学习方式的提出，既是对学生学习的要求，也是对教师备课、教育的要求，而能培养语文教师自主、合作、探究精神的最佳方式就是集体备课。新课标要求语文课要"有滋有味"，引导学生去体验、去发现、去感悟语言文字之美，作者情感之美、文章意境之美，能让听者如沐春风，使语文课活起来。在集体备课中，教师之间相互合作，从集体中获取知识，汲取力量，倡导"以生为本""一切为了学生，为了一切学生"。教师之间只有通过集中在一起思考一番，探究一番，有了探究的经验，课堂上就能更有办法引导和组织学生进行探究。

（二）情感体验经验交流的需要

新课改下，语文课程已由"文本课程"向"体验课程"转变。不论教师还是学生，都成为课程的有机组成部分，成为课程的创造者和主体。同时，语文课程不再只是单纯地把课文的知识点筛选出来，枯燥的传授给学生；而是通过老师之间先集中交流，因为语文教师中有青年教师、中年教师、也有老年教师，不同年龄段的老师或者同一年龄段的老师之间，对于同一篇文章根据自己不同的阅历经验有不同的感受体验。集体备课时，老师之间可以就所备的课文交流情感体验，再在课堂上与学生在感受和体验中互动、交流，能更好地讨论文章的思想等各方面内容，使学生获得更多语言实践等各方面的情感经验。

（三）提高教育质量的需要

集体备课是有效地提高教育质量的前提条件。在集体备课时，每位教师要根据自己所教班级的具体情况，在中心发言人提供的参考教案的基础上，另外设计一些难易适度的问题。在集体备课时，每位老师也要预想课堂教育中学生会提出些什么要求和问题，老师之间共同商量、交流，做好这些准备尽可量避免一些尴尬的场面，更能提高教育质量。

二、集体备课准备

（一）准备课程资源

教师不仅仅是知识的传递者，而且也是课程资源的开发者。语文教师进行集体备课时就要注重对课程环境资源的开发利用。课程资源不仅包括书本、教参、练习册等课堂教育资源，也包括其他图书、报刊、电影、电视、广播、网络等课外教育资源，还包括每个学生所生活的社区、家庭等环境资源等等。语文教师应通过大小语文的沟通交流，把语文课堂教育与社会环境等作为课外教育资源，先"引进来"再"走出去"。

（二）准备课件

利用网络资源制作高效精美的课件，是现代教师必须具备的现代教育技能；同时课件是辅助教育的工具、手段。一个好的课件更能提高学生的语文学习兴趣，提高教育质量。语文教师应该把搜集到的相应的课程资源，通过课件合理有效地制作呈现出来，使课件充分发挥其辅助提高教育质量的作用。

准备课件时，语文教师要有"大语文"的观念，持有生活处处皆"语文"、社会处处皆与语文课程有关的资源眼光。把在生活化的备课中随时积累的素材性资源，同时结合网络资源灵活地引进课件里。具体做法是老师要充分利用网络资源，在网上搜寻尽量多且对教育有用的资料，借鉴一些优秀课件，但绝不能照搬照抄，就算是集体备课时中心发言人制作出来的课件，其他老师也要根据自己的特点、教育风格和学生的特点爱好来做一些有针对性的修改。

（三）预演学生的"可能"

在集体备课时，老师一定要一起研究预设学生在学习此课文时由于一些什么因素，在什么情况下会出现哪种可能，要留出一定的时间让学生讨论。如很多课文学习完都要让学生谈谈感受体会。

三、如何进行集体备课

（一）听取选定中心发言人介绍

一般情况下，集体备课要事先选定一位中心发言人。首先听取中心发言人就本课提出自己的设计理念和设计方案，内容应包括本课的教育目标、重点、难点、教法、学法、教育设计思路、教育策略、作业等。

（二）以合作探究的方式进行集体备课

语文教师要把从生活中备到的与语文有关的实际现象集合起来，在集体备课时以合作——探究的方式进行，会达到最佳的效果。传统的备课以教师的"教"为中心，为了完成事先设定的教育任务，对课堂中学生提出的一些有价值的问题视而不见……长此以往，学生只会被动地跟着教师转，主动性被束缚，创造性被扼杀。要从过去单纯研究"教师怎样教"的问题转变为集体研究"教师如何教"和"学生怎样学"，集体钻研教材，集体研发教案等问题。所以，老师在新课改下首先也要以合作——探究的方式进行集体备课。

（三）让学生参与集体备课

学生也是课程资源的设计者和开发者，在信息化的今天，学生往往拥有着和教师同样甚至更多的信息源，而他们往往也有自己不同于成人的独特的视角。所以语文教师应当积极顺应信息时代的这种变化，把过去教师单向封闭的备课转变为教师和学生的"共同备课"。充分发挥学生的主观能动性，鼓励引导他们通过各种渠道参与备课。这样语文课堂的空间将会更加深广，教育效果也会更佳。

（四）通过试讲完善集体备课

集体备课不仅仅是语文科组的老师集中在小组备课室里关上门讨论完教案和课件就完事了，集体备课的全过程还包括最后一个环节，那就是中心发言人要先上课试讲，其他老师听课。听课的老师要从试教的中心发言人的教育中发现存在的问题再集中提出修正；而对于其优点就要学习借鉴，力求使课堂教育效果达到尽善尽美。试教的中心发言人通过课后评课来改正缺点，积累经验，从而不断提高自己的教育水平。语文的集体备课是要通过经验加反思来完善的。

第五节　运用网络资源备课

在备课中，拥有必要的、更多的资源和信息，经验和借鉴十分重要。现代互联网资源十分丰富，而且随着网络发展，一些组织和个人专门在互联网上创办专业网页，其中不乏好的语文专业知识和备课资源，这就给教师提供了无限广阔的空间，去吸取多方面的知识，成为提供备课资料的一位好帮手。

一、利用网络资源备课的意义

（一）开阔眼界，拓展思路

教师查阅网上教案、选择优与劣的过程其实就是一个深入分析教材的过程。教师原本在头脑中已经对教材有了自己的理解，在阅读到同一节课不同的教育方案时，他人的教育设计与自己的预设方案（包括设计过程、教材内容的把握等）在头脑中相互碰撞，在对碰中容易产生自己的新见解。

（二）营造氛围，提高能力

网络备课过程就是与更多教师交流互动的过程。以往备课是教师个人的工作，教师对着一本或多本教参，没有合作也无法合作；如今借鉴网络资源就不同了，它将校内、校外的教师相互连接起来，间接地、直接地实现了相互对话与合作。通过相互交流与切磋，参与网络备课的教师既可以学习到他人的长处，又可以找到自己的不足，通过扬长避短，实现共同提高。同时，网络备课的开展，一方面促使青年教师尽快成熟起来；另一方面也促进老教师不断进取与提高。

（三）制定方案，服务教育

通过网络备课最终形成的教育方案是集体智慧的结晶，它与个人备课相比，对教材的把握更加准确，对学情的分析更加细致。因此，网络备课预设的教育方案会更切合学生的实际要求，更有利于提高课堂教育效果。

（四）减轻负担，增加热情

网络备课减轻了教师写教案的负担，让教师有更多的精力学习理论、收集资料、总结经验、提升业务水平，提高课堂教育效果，增强了教师的工作责任心和研发教育资源的自觉性。

（五）了解动态，提升素质

网络的高速度信息流动，可以时刻展示给我们新的先进教育思想、教育理念。组织教师通过网络备课的查阅（尤其是查阅名师的教育设计），就能及时捕捉到这些教育新理念、新方法以及优秀的教育方案。

二、网络资源在备课中的运用

（一）利用网络熟悉课程标准，掌握教育内容

网络在拥有知识资源的同时，也给我们提供了探讨的功能和空间。在没有网络资源的情况下，若是遇到知识上的盲点，其探讨的范围是有限的，利用网络在网上提出疑问，诸多解释即会纷至沓来，同时会有大量的信息传来，使问题迎刃而解。

（二）利用网络掌握教材目的、要求和重点

同是一本教材，同是一个年龄段的学生，由于生活环境的不

同，这三点势必会有所改变，网络恰好给我们提供了一个了解学生的渠道，这为我们进行知识、能力、品德的教育摆正了方向。我们不难看到，网络把文字、图形、影像、声音、动画等先进技术有机地融合在一起，在历史、艺术、科技、新闻等方面对于学生的冲击力和感染力是极大的，也使他们对于知识的了解、认识上比以往的学生接受的更快、更多。

(三) 利用网络研究和掌握教育方法

备课中，对教育方法的选择，要遵循教育规律，贯彻教育原则，使学生循序渐进地掌握知识，发展智力，形成正确的思想观念。在以前闭塞的教育时代，教师通过固有模式的教育学，所掌握的无非是讲授法、讨论法等等，即便某位教师通过自己的不懈努力钻研出一套新的教育方法，因为时间、空间的局限也只能"独自享用"了。但现在，只要找到相关的网站，多种多样有实效的教育方法多如繁星，目标教育、实验探究、三点一线、三元式、创境导入……比比皆是，而相关的论文、探讨、专题研究更是堆成山的杂志所无法比拟的，先进的教育方法在网络时代得到了极大限度的共享，为教师对教育方法的准备和研究提供了广阔的空间。

(四) 利用网络编写教案、制作课件

网络为我们提供了大量的素材，大量的历史、科技等最新资料可以使学生更好地理解教材，认识文章背景，为德育的实施提供了环境，同时激发了学生的兴趣。网上优秀教师的教案更给我们提供了大量的参考，为优化教案、转换思想提供了依据。"网络资源提供了大量有益的可借鉴的教育图片和课件，下载改善课件，应用到备课中来，教育效果肯定会有明显的提高，达到事半功倍的目的"。语文备课大师就是一个很好的可以参考和借鉴的备课资源网。在利用这一资源形成教案过程中，一定要注意把名师、名家的教案和自己学生实际相结合、和自身的教育风格相结合、和整体的教育计划相结合，不可照抄照搬。

第五章　小学语文教育创新的基本技能

第一节　教育目标设计技能

教育目标是一堂课的起点又是一堂课的归宿，语文学科具有整体性强、综合性强的特点。其他学科的教材大都以基础知识、基本技能为纲编写，每个知识点、技能点都有相对的独立性。唯独语文教材，是以整篇的文章为纲编排的，各种知识点、技能训练点同时蕴含在一篇篇文章之中，如何选择和合理设计教育目标则显得尤为重要。

一、教育目标的内涵

（一）课堂教育目标

课堂教育目标是指课堂教育活动预期要达到的学习结果。它表现为对学生学习成果及终结行为的具体描述，或对学生在教育活动结束时其知识和技能等方面的变化的说明。

第一，教育目标是教与学双方合作实现的共同目标，它表现为教育所引起的学生终结行为的变化。

第二，教育目标是教育活动预期的结果，是师生对教育结果主观上的一种期望，它表明教育是一种由自支配的活动。

第三，教育目标是通过教育活动可以达到的结果，它应是具体明确和便于操作的，还应该符合教育实际和学生实际。

第四，教育目标是可评估的。可编制相应的评价量表，对教育目标的达成度进行定性或定量的测度，从而科学地测评教育结果。

（二）语文课堂教育目标

语文教育目标可分为语文课程教育目标和语文课堂教育目标，前者是从语文学科的角度规定的人才培养规格和质量要求，后者主要是从课程实施的角度规定的语文课堂教育预期要达到的学习结果。

对两者的关系：一是课堂教育目标与课程教育目标是两个不同的概念，两者之间有一个相当大的模糊地带，应允许课堂教育目标与课程教育目标之间有一定的空间、余地甚至空白。二是要弄清体系性教育目标与非体系性教育目标的区别。语文课不是由若干课堂教育目标一级一级累加性地构成目标结构，而是网络性地、滚雪球性地、积淀性地构成教育目标。

（三）语文课程三维教育目标

课程目标根据知识与能力、过程与方法、情感态度与价值观三个维度设计，三个方面相互渗透，融为一体，注重语文素养的整体提高。三维教育目标打破了过去知识本位、忽视对学习过程体验的引导、缺乏对学生情感态度和价值观的弊端，对全面提升学生语文素养具有重要意义。同时也为我们制定课堂教育目标提供了借鉴——在制定教育目标时，不应局限于"非此即彼"的二元对立的思维模式，而应以一种统合的思维方式剖析和确立教育目标。

二、教育目标的功能

教育目标是课堂教育的灵魂，它支配、调节、控制着整个教育过程，是教育活动的出发点和归宿，是教师选择教育内容，运用教育方法、教育策略、教育媒体，调控课堂教育以及评价教育效果的基本依据，同时还是学生自我激励、自我调控、自我评估的重要手段。

（一）导向原则

语文课堂是一个生成性的课堂，但并不意味着语文课可以随意生发，毫无章法可言。而语文课堂教育目标就是起到"导向"的作用，确保课堂教育朝着正确的方向。有了明确的目标，课堂教育就能尽量排除无关干扰的刺激，使教育的重心始终聚焦在与教育目标相关的内容上，避免了教育主观随意性。

（二）调控原则

语文课堂是一个动态化的课堂，课堂教育目标贯穿教育过程始终，调节、控制着课堂教与学的活动，使之在动态中追求平衡。

（三）激励原则

目标激励是重要的激励策略之一，教育目标则是囊括了集体课堂教育目标和学生个体学习目标，能有效激发学生的学习动机，在实现目标的同时，增强学生的成就感、自信心。

（四）评价原则

课堂教育多大程度上完成了教育任务，效果如何，是否需要调整，如何调整，回答这些问题的主要依据就是明确、具体的课堂教育目标。

三、教育目标的确定原则

小学语文教育目标编制原则要遵循"教育性原则、可行性原则、系统性原则、可测性原则"，在此基础上，我们将教育目标确定原则概括为科学化原则、具体化原则、系统化原则、动态化原则、个性化原则。

（一）科学化原则

科学的目标是可行的目标，这点规定了在制定课堂教育目标时就要按规律办事，要符合语文学科教育的规律，符合小学生学习语文的规律，符合小学生身心发展的规律。

（二）具体化原则

小学语文教育目标的具体化要求表现为，目标能被清晰描述、被具体认识、可操作性强、容易评估等。具体化既能对教师教育过程中起到清晰的导向作用，也便于学生对自我学习程度进行监控。

（三）系统化原则

小学语文教育目标的系统化体现在：目标既要依照课程标准，又要对整个小学阶段的教育目标进行合理的梳理，还要针对每个单元以及具体教育内容合理确定教育目标。

（四）动态化原则

语文学科教育不同于其他学科有严密的知识序列，因此在制定教育目标时不可能设计一个直线的、完全系统化的教育目标，要受学生情况、课程资源等多个原因影响，呈动态的螺旋上升趋势。

（五）个性化原则

课堂教育目标是教师制定的，但最终还需要落实和转化成学生的。在制定教育目标过程中，既要从语文学科的知识、技能、策略等共性进行设计，又要根据学生的情况进行选择，体现学科性，也体现学习者的个性。

第二节　教案编写技能

一、教案的内涵

教案又称教育计划，是教师为有效进行教育实践活动而事先对教育进行设计，是教师以现代教育理论为基础，依据课标要求、教育对象的特点、不同教育内容的需要和教师个人的教育理念、经验、风格，在运用系统的观点与方法分析和处理教材内容基础上，针对所教内容的教育目标、教育重难点、教育流程、教育方法等设计的具体实施方案。

二、教案的价值

编写教案有利于教师弄通教材内容，准确把握教材的重点与难点，进而选择科学、恰当的教育方法；有利于教师科学、合理地支配课堂时间，更好地组织教育活动，提高教育质量，收到预期的教育效果。它是对课堂教育的总的导向、规划和组织，是课堂教育规划的蓝本。此外，还有三个附带性作用：一是备忘录作用。用文字载体保存的信息可供随时提取或查阅；二是资料库作用。从长远角度看，教案中保存着教师从各种渠道获得的珍贵材料以及自身的经验与心得，积累多了自然形成一座资料宝库；三是教改课题源泉作用。教案中的丰富案例、独特的教育设想、别致的教育环节、精心的教育问题、教育后的得失体会等往往成为教师选择教改研究课题的源泉。

三、教案的类型

教案依据划分标准、研究角度的不同可划分不同的种类。

从课型的角度来划分，还可以简单地将教案分为新授课教案、复习课教案、习题课教案、考查课教案，这也是最为常见的最容易理解的一种划分方式。

从教育实践来看，通常可分为：

（一）讲义式教案

这种教案按照教育时间的规定、教育内容的进度和计划安排的顺序把全部教育活动都编写出来，近似教育用的讲义。

（二）提纲式教案

一般有经验的教师在备课过程中，只把重点和难点摘要写在上面，不把更多的内容句句都写上。内容集中、简练，篇幅不多，这就是提纲式的教案。

选取讲义式详案还是提纲式的简案，取决于教师的业务能力和教育经验。一般说来，青年教师开始上课，最好编写尽可能详细的教案，只有积累了丰富的教育经验，熟悉了教材内容和提高了教育能力之后，再编写提纲式的教案。

（三）图表式教案

把要讲的课时内容整理出一张图表，这就是图表式的教案。它的优点是简明扼要，内在关系清楚，使人易看好记，教师也容易运用。问题在于它易使学生死记硬背，不去追求理解，把生动的事物之间的关系看得过严，在有些问题上也容易简单化。在现实教师的教案中，多把图表作为教案的一个组成部分，或作为问题的小结，而很少把图表作为一个完整的教案去使用。只有一个图表，不仅将讲授内容全部包括进去有困难，而且进度安排和教育环节、教育方法也很难得到体现，这给讲课留下了不少困难。

四、教案的构成元素

教案编写一般来说没有固定的模式，可以根据教育需要进行选择，但以下要素是必要的：课程名称、适用年级、任课教师、具体内容……具体内容主要包括课题、教育目标、教育重难点、课时安排、教育过程、板书设计等项目。

（一）课题

课题指授课内容的标题，主要是课文的题目。

（二）教育目标

教育目标是师生通过教育活动预期达到的结果或标准，是对学习者通过教育以后将能做什么的一种明确的、具体的表述，主要描述学习者通过学习后预期产生的行为变化。教育目标要难易适度，课时教育目标应当堂达成，不易定得过高，同时要注意重点教育目标的设计。教育历来提倡一课一得，目标教育也要体现这一精神。教育目标设置的具体要求：必须明确陈述的主体对象是学生；必须能体现出语文教育的三个维度；还要处理好知识与技能、过程与方法、情感态度与价值观的关系；教育目标的设置必须是明确、集中、恰当、具体的；教育目标的设置必须是可观察、可检测的。

（三）教育重、难点

教育重点一般指为达到教育目的，在教育中重点教授的关键性内容，侧重于教师的角度。教育难点既包含教师因素也包含学生因素，一般指教师难以讲授的知识和学生难以达成的行为。

教育重、难点的设置要考虑：重点如何突出，难点如何突破，深度如何把握。

（四）教育方法

教育方法是教师把自己的学识传授给学生的手段。在教育中，教师不应仅是传授知识和技能，更重要的是教会学生主动学习和掌握知识的能力和方法。具体教育方法的设定要遵循：一要优化教法，因材施教，因学而教，顺学而导；二要选择学法，提倡自主、合作、探究式的学法，而学法的指导也要体现自主性、针对性、操作性、差异性和巩固性。

（五）教育过程

教育过程也称教育流程、教育步骤，是指为达成教育任务而制定的具体实施步骤和措施，是教案的主体部分。在教案书写过程中，教育过程是关键。

（六）板书设计

包括随着教案内容展开的随机板书和每一课时的整体板书。

五、教案的写作

教案编写是一个复杂的过程，从起始分析教材、分析学生、到设计教法等，是由众多的环节组成的一系列细致复杂的工作。

（一）分析教材

了解教材的组成、内部联系、外部联系，形成适宜的教育内容；挖掘教材中可培养学生能力、进行思想品德教育的因素并确定教材的重点与难点，为设计教育方法、编写教案提供依据。分析教材是编写教案的基础工作。

（二）分析学生

主要是分析学生学习教材的知识准备情况，一般指智力、认知能力水平以及学习掌握各种类型知识的一般心理过程。此外，还应了解特殊学生（平时学习水平很高或学习十分吃力的学生）的状况，以便从学生实际出发，研究有效的教育方法，编写教案。分析学生是编写教案的又一项基础工作。

（三）设计教育方法

教师要在分析教材和学生情况的基础上，精心设计教育方法。设计教育方法时，既要考虑全课以哪种教育方法为主，又要考虑各部分教育内容适宜采用的方法。针对一段教材内容，既要考虑师生活动的方式，又要考虑学生的学习方法，同时还要考虑选择什么样的教育手段和教具，以便协调各教育要素之间的关系，顺利而高效地进行课堂教育活动。

最后编写教案。教师将上述各项工作的成果，按照教案的基本内容和形式，用书面的方式总结概括表述出来，就形成了课堂的教育计划。

第三节　课堂导入技能

一堂课如同一首优美的散文，开头便要漂亮，引人入胜；一堂课又恰似一支动人的乐曲，开头就要定好基调，扣人心弦……常言道：好的开头便是成功的一半，导入是语文课的第一个环节，十分关键，应当引起重视。好的导语像磁石，能把学生分散的思维一下子聚拢起来；好的导语又是思想的电光石火，能给学生以启迪，提高整个智力活动的积极性，因此我们要创造科学有效的导入形式，就必须把握课文的特点，根据学生好奇心理，运用喜闻乐见的导入形式导入新课。

一般来说，导入新课，应遵循以下原则：

第一，符合教育的目的性和必要性。

第二，符合教育内容本身的科学性。

第三，从学生的实际出发。

第四，从课型的需要入手。

第五，导语要短小精悍。

第六，形式要多种多样。

开头导入的方式很多，设计导语时要注意配合交叉运用。不能每一堂课都用一种模式的导语，否则就起不到激发学生兴趣，引人入胜的作用。

一、课堂导入的常用方法

（一）开门见山导入法

开门见山导入法，就是直接介绍新课的作者或主要内容来导入新课。如在教育《李时珍》一课时，先介绍课文的作者：李时珍是我国古代伟大的医学家和药物学家，课文讲了几件事，究竟什么事呢？现在我们一起学习《李时珍》，就知道了。这样引入新课，很容易激发学生的学习兴趣，引导学生深入理解课文。

（二）设置悬念法

根据学生爱追根求源的心理特点，一上课就给学生创造矛盾，提出问题，设置悬念引起注意。因此在课堂教育导入时，利用巧妙设问造成悬念，让学生处于一种"不愤不启，不悱不发"的状态，促使学生在高昂的求知欲望中探求知识，引发学生学习知识的兴趣。

由于悬念的诱惑，学生立即对课文产生了浓厚的兴趣，一种强烈的好奇心驱使他们主动认真地读书、思考。值得注意的是，制造悬念要从教材和学生实际出发，如果故弄玄虚，那就失去了悬念的意义，有时甚至会把学生弄糊涂。

（三）创设情境法

学生是语文学习的主人。语文教育应激发学生的学习兴趣，注重培养学生自主学习的意识和习惯，为学生创设良好的自主学习情境。教材中的不少课文，或叙述了生动的故事，或描写了美妙的景色，此类课文，可选其中精彩的画面或精彩的情节，通过具体形象的描述，声情并茂的表述，以激发学生的学习兴趣。

（四）故事诱导法

"故事是学生的一大需要"，学习的最好刺激又是对所要学的教材感兴趣。兴趣可以孕育愿望，可以滋生动力。在新课教育中就是要利用儿童喜闻乐见的事例，激发他们求知的情趣，引导他们在欢乐中进入学习。值得注意的是，故事应紧扣教育内容，宜短不宜长。

（五）音乐导入法

借助于与课文内容联系紧密的歌曲作为导入的途径。这种方法灵活多变，利于调动学生情绪，并能克服紧张心理，活跃课堂气氛。播放与本课有关的音乐导入新课，激发学生的求知欲。

利用音乐导入新课，同学们便自然而轻松愉快地进入了学习新课的角色。

（六）名言引入法

名言警句是人类思想、语言艺术的集中体现。教师通过引用与课题相关的名言作为引言，引导学生进入新课题。引用与本课题有关的名言名句导入新课，既渲染了课堂气氛，激发学生的兴趣，又陶冶了学生的情操。

（七）释题引申导入

就是解释题目中关键性的字词并由此而推演、生发，引导学生学习课文。

（八）游戏导入法

游戏导入把学生的注意力集中在游戏这一焦点上，有利于在短时间内提高全班学生参与学习的程度；其次是借助游戏，巧设悬念，先声夺人，拨动学生的心弦，使学生产生强烈的求知欲。再者，通过游戏后的提问，提醒了学习课文的主要内容，使学生学习目标明确，自主参与性提高。导入艺术生动、活泼、有趣。

游戏导入法，对低年级学生特别有效果，更能集中小学生的注意力，再巧妙地转移到课文学习中。

（九）媒体导入法

随着科技的发展多媒体使用愈加广泛，但在使用多媒体导入时需要注意以下几点：一是多媒体出现的时机要恰当；二是多媒体呈现的内容要与教育内容相适应；三是多媒体使用要适度避免喧宾夺主。

此外，课堂导入艺术的方法还有很多，但不论哪一种导入方法，都要求简练，短小精悍，以尽快进入主题。

二、导入的设计原则

（一）根据教育内容设计导入

导语的设计要从教育内容出发，根据课文差异，合理选择导入方法。有的是教育内容的重要组成部分，有的是教育内容的必要补充，还有的虽然从内容上看关系不大，但它能激发学生的兴趣，吸引学生的注意力，对于教育内容的讲授和学习也是一个有机组成部分。这一切都应从教育内容的科学性出发，违背科学性的导入，尽管非常生动、非常精彩，也不足取。

（二）符合学生认知特点

学生是教育的主体，因而导语的设计要从学生的实际出发，要照顾到学生的年龄、性格特征，选用不同的导入方法，将知识性与趣味性相结合。一、二年级以形象思维为主，当理解抽象问题时，会有一定认知障碍，可以加强直观教育解决这一问题。在导入时宜选用创设情境、故事诱导等方法。三、四年级思维方式以形象思维为主并逐渐向抽象思维发展，可根据内容适当添加开门见山式的直接导入。五、六年级逐渐形成抽象思维能力，可将直接导入作为主要方法。

（三）注重多种导入方法综合运用

课堂的导入大都不是以单一形式出现，往往是多种方式的综合运用。多种形式的导入，更能调动感官，使学生对所学知识产生兴趣，诱发学习动机，迅速进入最佳的学习状态中。

（四）导入内容要短小精悍

导入只是课堂教育的开场白，并不能代表所要讲授的课文内容。导入方式要短小精悍，在实际的教育中，尽量将导入时间控制在三五分钟为宜，时间过长会导致喧宾夺主。

第四节　课堂提问技能

语文课堂的提问艺术，是一项随语文教育活动发生的教育技能艺术，这一领域的研究对语文教育有很强的现实意义。教师提问能起到设疑、解疑和反馈的作用，能指明方向、承上启下、启发思维和调节气氛。因此在教育过程中，提问成为联系师生思维活动的纽带，开启学生智慧之门的钥匙。课堂提问具有很强的技巧性。在全面推进素质教育的今天，探究与素质教育相适应的课堂提问艺术，促使全体学生全面、主动地发展，显得更加重要。

一、课堂提问的类型

小学语文教育中课堂提问从不同角度可将问题分成不同类型，创设的提问模式把教育提问由低到高地分为六个层次水平。

（一）知识水平的提问

它能训练学生的记忆力和表达力，可以确定学生是否记住所学内容。例如，概念、意义、具体事实等，它所涉及的心理过程主要是回忆，提问常用的关键词是：谁、什么是、哪里、何时等。这是最低层次、最低水平的提问。

（二）理解水平的提问

它要求学生能用自己的话来叙述所学知识，比较知识和事件的异同，能把知识从一种形式转变为另一种形式。它可帮助学生感知、理解课文内容，整体把握课文大意。提问使用的关键词是：怎样理解、有何根据、为什么、怎么样、何以见得等。这是一种中等水平层次的提问。

（三）应用水平的提问

它要求学生对问题进行分类、选择以确定正确答案。它能使学生把所学知识应用于某些问题，其心理过程主要是迁移。提问常用的关键词是：运用、分类、选择、举例等。这是一种较高层次的提问。

（四）分析水平的提问

它要求学生运用批判思维，分析提供的资料，进行推论，确定原因，可用来分析知识的结构、因素，弄清事物的关系和前因后果。提问常用的关键词是：为什么、什么因素、证明、分析等。这是一种较高层次的提问。

（五）综合水平的提问

它要求学生将所学知识以一种新的或创造性的方式组合起来，形成一种新的关系，能够解决应该解决的问题。提问常用的关键词是：综合、归纳、小结、重新组织等。这是一种高层次的提问。

（六）评价水平的提问

它要求学生对一些观念、解决办法等进行判断选择，提出见解，作出评价等，它能帮助学生依据一定的标准来评判事物和材料的价值。提问常用的关键词是：判断、评价、对……有什么看法等。这是一种高层次的提问。

以上六种问题的类型，对课文的教育以及学生思维各阶段的发展、作用各不相同。因此应根据教育要求、学生学段、课文内容等因素，对不同类型的问题进行合理的设计、灵活的搭配。

二、语文课堂教育中提问的误区

在现实的语文课堂教育中，在实施课堂提问时学生的主体地位未得到真正落实，其作用并未充分发挥，进入了误区。主要表现在：

第一，陷入空洞浮泛的误区，使学生茫然失措。问题貌似宏大，但抽象空洞，使学生茫然失措，导致提问后的"冷场"和"卡壳"，达不到提问的目的。

第二，陷入形式主义的误区，使学生厌倦抗拒。卖弄花枪，玩花拳绣腿是教育之大忌。有人为哗众取宠，表现其改革精神，把课堂搞得分外热闹，但不讲求实效，这样的课堂提问，只能使学生产生厌倦甚至抗拒，因为它无助于认识的深化。

第三，陷入浮光掠影的误区，使学生浅尝辄止。这样的问题浮光掠影，学生都能不假思索地回答出来。一问一答，似乎体现了提问教育法，其实这样的发问不仅没有必要，反而有害，导致学生不探究问题实质，浅尝辄止，长此以往，就会出现思维萎缩。

第四，陷入唯我独尊的误区，剥夺学生的逆向思维，打击学生学习的积极性。教师千方百计引导学生按照自己的思路来回答。如果学生的回答偏离了自己的思路，要么一声断喝，要么置之不理，学生的积极性受到打击。

第五，提问思考时间过短，学生还没有足够的时间思考，教师就让学生回答。

三、提问的技能

课堂提问是课堂教育中引导学生学习知识，发展思维、技能、情感等的重要手段。所以，每一位教师都应当精心设计每一个提问，做到恰如其分，提高课堂教育的质量。但是，提问不是课堂教育唯一的手段。现代教育思想强调学生的主动发展，所以提问的前提应当是学生充满兴趣、充满信心地自主学习，质疑解疑。教师不应当用提问来牵着学生的鼻子走。只有这样，才能培养高素质的人才。

提问最关键的是"问什么"和"怎么问"，讲究提问的艺术，自然就应该在"问点"和"问法"两个方面下功夫。

（一）问点的选择

所谓问点，就是问题的切入点。针对任意一篇课文，都可以提出若干问题，但并不是所有问题都有价值，因此在教育设计过程中需要精心选择问点。可将问点选择经验归纳为"五点十处"。"五点"即重点、难点、疑点、兴趣点、思维点。"十处"即关键处、空白处、疑难处、模糊处、含蓄处、矛盾处、变化处、重复处、对比处、延伸处。这里着重论述其中几种：

1. 关键处

是指对学习的重点、难点等极其重要的地方，在关键处设问能揭示重点、突破难点，直抵课文的核心。小学语文教材中的关键处是指不易理解或对理解课文内容、体会思想感情有着重要作用的字、词、句、段，尤指那些关键词、核心句。

2. 空白处

文本存在的空白可以丰富和拓展读者的想象，也可以作为课堂提问的突破口，现代教育理论也指出，知识的学习是由学习者自我建构的过程。空白处是指语文教材中对某些内容故意不写，或写得很简略，留给读者无限想象空间和思考余地的地方。空白处巧妙设问，可以适时激发学生的想象力和思考力，通过填补空白让学生建构自己的意义。

3. 矛盾处

矛盾处是指课文中那些看似自相矛盾的地方，这里也恰恰是学生容易产生疑惑的地方。在矛盾处设问，可以帮助学生理解课文，锻炼学生的思维，从而将思维深化，更加深入地理解课文。

4. 反复处

反复处是指课文反复出现的地方。反复作为一种修辞手法，经常使用在诗歌和童话中，通过使用反复的手法可以积蓄人物情感、深入刻画形象、点明文章主旨。

总之，问点的设计要注意以下几点：

第一，问点要着眼于突出教育重点。在教育重点处设疑能紧扣教育目标，使课堂不至于随意发散。

第二，问点要着眼于突破教育难点。教育难点是学生掌握知识、理解内容的障碍所在，抓住难点设问，能化难为易，让学生"跳一跳就能摘到桃子"。

第三，问点要有思维价值，能激发学生兴趣。如果所设问题过于简单，仅停留在简单的是非选择上，学生的思维能力很难提高。此外，课堂常常在工具性和人文性两个端点游走，除了兼顾两者，还需要切切实实考虑学生兴趣，将学生放在心中。

（二）问题的表述

恰当有效的提问表述是指教师提问的语言准确、清晰、明了，使学生能正确地理解教师提问的意图。有效问题具有良好的结构，一般由三个要素构成：①引导性词干，如……是什么，为什么……，怎么样……；②良好的认知操作，如回忆、描述、叙述、概述、比较、对照、分析、综合、总结、评价、推测、想象；③问题提出的内外情境，问题在提出或表述时应从课文的内在情境或外在方法层面给出提示，使学生获得一些解决问题的线索。三个要素放在一起，教师就可以构建出有效的初始问题。

四、课堂提问的新视角

提高课堂教育管理机制和教师驾驭课堂、教材的能力，确是当前语文教研的重要课题。

（一）课堂提问重精

教师高度的语言修养是合理地利用时间的重要条件，极大程度上决定着学生在课堂上脑力劳动的效率。这就给教师提出了一个高标准要求：课堂提问不仅要讲究科学性，还要讲究艺术性。那么"精问"就指教师注重提问的科学性和艺术性的结合，精心设计和提炼一些富有启发性、情感性、变通性、挑战性，富有价值的问题，引导学生思考方向，扩大思考范围，提高思考层次。没有思考价值的"浅问题"不提，问题太浅，表面上学生对答如流，实际上起不到应有的作用；同样若是问题过难，超出了学生的"最近发展区"，学生望"问"兴叹。也是不能达到目的的。

课堂提问是一门科学，更是一门艺术。课堂环境的随时变化，使实际的课堂提问活动表现出更多的独特性和灵敏性。在教育中，教师只有抓住教材的重点和难点，以及学生的认识结构，从根本上形成对课堂提问的正确观念，精心设计课堂提问、巧妙使用，才能在实践中发挥课堂提问的灵活性与有效性。

（二）课堂提问重度

教师设计课堂提问要能激发学生积极思维。教师所提的问题应符合学生实际的认识水平和想象能力。

首先要有一定的难度，教师根据教育大纲，结合具体课文及教育的重点和难点精心设置问题，其问题要有一定的难度，有一定的思维量，而不能是简简单单地用"是""对"或"不是""不对"来回答的问题，因为只问"是""非"对激发学生的积极思考，培养学生的表达能力和衡量学生的知识质量都是不利的，在"是"与"非"的判断中必然有侥幸答对的，久而久之就会使学生存在有侥幸答对的心理，养成不愿积极思考的不良习惯。要使问题有一定难度需要注意三点：一要紧紧围绕教育内容，有的放矢；二要有新意，有一定的开放性，给学生提供展示个性自由发挥的空间，不要刻板僵化；三要有一点思维含量，一般直接在课本中可以找到答案的问题要少些，让学生经过思维加工后找到答案的问题多些。

其次要有一定的梯度，课堂教育中，教师应善于提出条理清晰、合乎逻辑和学生认知心理特点的"阶梯式"或"分层式"的问题，要针对不同层次的学生提出不同类型的问题，难易应不同，引导学生由浅入深，由已知到未知，层层推进，步步深入，最终抓住事物的本质。

最后提问要有一定的广度，"语文学习的外延与生活的外延是相等的"这是大语文观，也是新课改所要求的。因此课堂提问也应该紧密结合学生的生活实际和社会实际而充分展开，不失时机地拓展学生的思维，挖掘学生的内在潜能，培养学生多角度看问题，使学生学有所用，让学生在解决实际问题中去运用知识和掌握知识，培养学生的发散思维能力。对于课文的学习都应该提出一些有广度的问题。课堂提问一般要面向全体学生，使不同程度、不同位置的学生都有表现的机会，这就要求教师多设计一些不同层次的问题，如要求回答"是不是"或"对不对"的判别型、回答"是什么"或"怎么样"的描述型、回答"为什么"的分析型、回答"有什么异同"的比较型、回答"有哪些不同意见"的创造型。只有这样，才能给不同层次的学生以压力，调动他们的学习积极性，使他们都能积极思考，参与教育过程，从而各有所获。

课堂提问既不能让学生高不可攀，也不能让学生唾手可得，而应该让学生跳一跳——开动大脑积极思考后获得正确的结论。学生只有通过自己的思维劳动取得成果，才能感到由衷的喜悦，同时也会激发学习的积极性和主动性。

（三）课堂提问重情

提问既要重视知识点的落实，达到教育目的，又要注意提问的艺术性、情感性，从而实现情趣教育。所谓情趣教育，即激发情趣，兴趣盎然的教与学。目的是让老师有感情地教，学生有感情地学。

在教育内容上，首先要把握一篇课文的情感基调。我们知道"言为心声"，每一篇文章都是作者情感的流露，一篇文章就像一个窗口，通过它可以洞察世态万象。因此把握一篇文章的思想感情是上好一堂课的关键。把这种感情融入你的言语中，感染学生，造成一种情感的传递，在课堂制造一种情感的氛围，以此来感化学生。要做到这一点就要教师对教材进行深入的钻研，善于发现其中掩藏的情感因素。从而达到对自己的教育内容了然于胸，如庖丁解牛，游刃有余，能出能进。例如一个典故，文学常识，甚至一个字，一个词语的讲解，教师都要善于思考，善于挖掘其中的情感因素，趣味因素，不可三言两语，轻描淡写地走过场。对于一个典故，可以就此讲一个故事，学生都喜欢故事，这样就可以很好地引起学生的兴趣和注意力，这就比空洞的字词有意思得多。对于文学常识，教师最好用自己的语言来讲授，不要用记忆性的思维来回忆，融入自己的理解、感受，如同讲故事一样，这样就有意思得多。对于一些文学常识可以展开纵向或者横向的思维，不要因讲授知识而执意于此，就拿单个的字词来说吧，汉字是表意文字，是音、形、意的结合体，每一个汉字就是一个世界。

通过教师的引导，激发学生学习的积极性，调动学生的参与意识，使学生真正成为学习的主人，学得轻松、愉快。

（四）课堂提问重效

有效的课堂提问应关注学生的思维品质，在真实、巧妙、具有挑战性的开放的问题情境中，引导学生参与听、说、读、写的训练。可以说有效教育提问是教师提升学生语文素养、评价教育效果的基本控制手段。

有效提问指向的答案空间要大——关注多元反应，鼓励独特见解。鼓励学生的个性化行为，个体阅读中的理解、感悟、形象必然会有不同，因此阅读中的答案空间也应该是大的，答案是丰富多彩的，没有一个"标准答案"。一旦打开了学生思维的空间，就会出现更新更好的答案。总之，教师的提问有较大的包容空间，学生的思绪才会放射出个性的耀眼光彩。

（五）课堂提问重评

教育评价是课堂教育的重要组成部分。提问手段本身，能鼓励和督促学生对课程进行及时的消化，认真复习。提问的效果则又优化了学生原有的认知结构，回答对的，其原有的认知结构就得到了肯定和强化，回答不对的，就能及时调整改变有欠缺的认知结构。在整个提问的过程中，对回答好的每一句问话，教师、学生都伴随着进行判断，学生是否掌握了相应的知识，掌握的程度如何，都应公开进行评价。教育评价决定着课堂教育的走向，影响着教育的效果。

好的教育评价，能激发学生兴趣，启迪学生心智，拓展学生思维，调动学生情感；能激活课堂教育气氛，优化教育过程，提高教育效率。然而，在有些教师的课堂评价中，对学生的称赞表扬不绝于耳，无论是答了几个问题的，还是回答了几句话的，教师都几乎无一例外地竖起大拇指，称之"真好""真棒"；或者兴师动众，一次次地要求全班学生掌声鼓励，诸如此类，不一而足。

要做好教育评价，首先是要确定好评价的主体，评价的主体可以分为学生自评、生生互评和教师评价。

为了让学生的个性得到更好的发展，教育中，让每一位学生在不断变化、发展的环境中，充实自我，完善自己。他们虽然天真，但是对事物已经开始有了自己的看法、见解，也有表达自己观点的欲望。当学生答完后，教师可以让学生先自己说一说对于这个问题回答得是否满意，满意在哪里，不满意义在哪里？从而使他们全面、公正地进行自我评价。在自评的基础上，应鼓励学生相互评价。教育中可以开展同桌互评，小组互评，在全班范围内对学生进行评价。

教师评价时，首先要肯定学生回答得"对不对"，通常教师都应复述一遍完整的答案，不能用学生回答代替教师应做的工作，其次要评"好不好"，通常教师都要做出标准的示范。最后无论是赞赏还是批评，都应"对事不对人"。有的教师在学生回答之后，就让"坐下"并立即转入另一项活动，有的甚至不"请"其坐，使学生处在尴尬境地，不知所措，学生到底回答得对不对，好不好，只有教师自己知道。因此在课堂提问中，教师要保护学生答问题的积极性，从而进一步调动学生学习的积极性，就那么应该做到：①以表扬为主；②鼓励求异；③帮助有困难的学生；④鼓励学生积极评价。

总之，在语文教育过程中，正确运用课堂提问技巧有助于积极开展教与学的双边活动，使学生更加牢固地掌握知识和技能，养成勤于思考的习惯。

第五节　课堂板书技能

板书是指教师和学生根据教育的需要，在黑板上用文字、图形、线条、符号等再现和突出教育主要内容的活动。它又被称为教师的微型教案。

板书设计，是小学语文课堂教育的重要组成部分，是一种重要的教育手段。板书设计要力求简明实用、形象直观、构思精巧，以增强课堂教育的吸引力、启发性和感染力。

一、板书作用

（一）集中学生注意力

板书能集中、吸引学生注意，有三个方面原因：一是板书这种直观的教育手段，能发挥视觉优势；二是板书的内容和形式本身包含着许多美的因素；三是板书的过程是引发学生思索的过程，所以容易集中学生注意。借助板书，学生从单一的听觉刺激转向视觉刺激，视听结合，控制学生思路，可避免由于单调的听觉刺激带来的疲倦和分心。

（二）理清课文思路

在阅读教育中，教师分析课文，特别是分析一些篇幅较长、情节比较复杂的课文，光靠口头讲解是不行的。小学生不是听了后面忘了前面，就是想了前面顾不上去听后面，听了一大片，常常因理不清头绪而茫然。而板书正好可以弥补口头语言的这种不足，它能把复杂的或者抽象的内容直观地展示在黑板上，寥寥数行，却包容全篇，提纲挈领，以简驭繁。

（三）突破重点难点

小学生抓重点、要点的能力比较弱。因此，在教育过程中，能否让学生抓住重点、要点就成了一个至关重要的问题。如果采用口头强调的办法"这是重点，大家要注意"，往往效果不好，很难在学生脑子里留下痕迹。如果在讲述的同时教师把重点内容中带有关键性的词语简明地写在黑板上，或者对重点段落进行单独分析板书，就会取得事半功倍之效。

（四）增强学生记忆

板书的一个重要目的是帮助学生理解教育内容、记住教育内容。板书本身具有的直观性、概括性、条理性、启发性等特点为学生记忆提供了十分有利的条件。我们常常发现这种情况，一篇并不算短的课文，在教师分析后，学生看看板书，读读课文很快就能背诵下来。

（五）发展学生思维

好的板书应当是流动的，它像一溪活水。在钻研教材的过程中，在对课文的主要内容、中心思想、叙述顺序逐步明晰的进程中，一点一滴汇集而成；在教育中，在引导学生经历理解课文的过程中，由局部到整体，由思想到内容，向前流淌。因此，好的板书不应是一潭死水，不应一股脑儿和盘托出，也不应是陆续出现但互不联系、没有生命的一堆词语。它不仅是课文的浓缩，而且显示出是怎样一步一步理解课文的一这实际上是方法的训练、思维的训练。

好的板书还能体现出思维训练的步骤：低年级的板书不同于中年级，中年级的板书与高年级也有所区别。粗略地划分，低年级可以用罗列重点词语的内容式的板书；中年级发展到既有内容，又有内涵的板书；到了高年级，可以多用突出文章思路的，有一定概括性的板书。由低年级到高年级，板书体现出了由理解词、句、段到整篇课文，由理解课文内容到抓住中心思想到理清叙述顺序，由着重发展形象思维到着重发展逻辑思维的训练步骤。

（六）启迪学习方法

教是为了不教。对学生来说，让学生掌握一篇文章的阅读方法、分析方法是十分必要的。因为老师的板书常常是抓住要点、重点、理清思路的范例，是边教边作的记录。如果教师善于诱导，学生从教师的板书形成过程中，就会学到自学方法：读书的时候，放个笔记本，边理解思考，边把想出的重点、要点记录下来，像老师板书那样梳理出一条理解文章的思路来。

好的板书，不仅帮助学生理解课文内容，而且引导学生学习写作方法。板书沟通了学生读和写的桥梁，这对于提高学生的写作能力，其作用也是不可低估的。

（七）提高审美能力

板书是一门艺术。一幅精湛的板书，无论是内容，还是形式，都包含着丰富的美的因素。如内容的简洁美、语言的精练美、构图的造型美、字体的端庄美，色彩的和谐美，都给学生以美的享受。一幅美的板书如同一道美丽的风景，令学生赏心悦目。

在板书形式的诸因素中，对学生影响最大的是文字的书写。有书法特长的老师，常常将书法美融入语文板书中。追求板书的字体风格与文章思想内容的谐调、吻合，用不同的字体去表现课文的不同风格和情趣。对课文构成强烈对比的内容，也常用两种不同的字体和彩色笔板书，扩大反差，加深记忆。学生看看板书，读读课文，获得一种艺术享受。

美的板书不仅给学生以美的感染、美的熏陶，更重要的是能唤起学生对美的追求和美的创造。不少学生不仅跟着老师写好了字，而且养成一种严谨认真的学习态度和良好的书写习惯。

二、板书的类型

（一）词语锤炼式

板书首先应该着眼于课文的关键字词。

（二）画龙点睛式

在板书设计中，我们不仅可以提炼文章中的关键词作为板书内容的主体，还可以编拟一些提示语来对文章内容进行概括和点拨。这样的做法很有必要，能起到画龙点睛的作用。

（三）线条连接式

线条连接式指在板书设计中借助于各种线条的穿梭和连接，直观而确切地表达出文章各部分内容之间的联系。其中，线条可以表示连接、跳跃、总括、强调等多种含义，直观形象，使人一目了然，为学生理解文章内容搭桥铺路，降低了坡度。

（四）课文脉络式

板书应该揭示课文的主要内容，突出课文内容的重点和关键，准确地扣住作者的思路。

（五）简笔画图示式

遵循小学生以形象思维为主的客观规律，可以运用简笔画手段来进行板书。

三、板书的要求

板书的格式多种多样，应用最多的是提要式、词语式、图示式、表格式等。不论采取哪一种形式都必须做到：

（一）内容要确切，外形要规范

板书的内容，要重点突出，详略有别，确切，层次分明。板书的外形，要讲究规范，大小适当，工整醒目，严防模糊潦草，杂乱无章。

（二）要合理布局，新颖别致

板书的布局，要讲究格式，选择位置，合理而清楚地分布在黑板上，使学生易于观察和理解。设计板书，不要老是一个模式，要注意新颖别致，用以集中学生的注意，引起学生的兴趣，激发学习的积极性，获得最佳教育效果。

（三）讲解要与板书、板图相结合

在课堂教育中，教师既要精讲重点，又要展示变化多样的板书与板图，图文并茂，二者有机结合，更能加深学生对所学知识的理解，提高教育效率。这样，学生一看就一目了然。

（四）板书设计的一般步骤

板书设计的一般步骤是：明确目标—抓住重点—提炼词句—确定类型—划分步骤—留出余地。

第一，明确目标。即要清楚板书围绕完成何种教育任务而设计。

第二，抓住重点，提炼词句。

先要从语文教材内容的特点出发，明确教育内容的重点是什么，学生学习这些课文的不同点在哪。

其一，小学语文教材内容丰富多样，题材、体裁不同，结构不同，板书设计就会存在差异。从题材的角度看，课文或重在展示故事情节的意思和意义，或重在突出人物形象的精神品质，或重在包孕作者的情感，或重在传达一种理趣。内容的不同又决定着表达形式的差异，板书设计时应理清教材内容的重点，作为板书的主要内容，切忌面面俱到。

从体裁的角度看，叙事类课文的板书要注意体现记叙要素、叙述线索和情感脉络；说明性课文的板书要注意体现一个"明"字：说明的是什么事物，说明这个事物的什么特征，说明这个事物的目的，其中事物的特征是重点，板书要注意突出这个事物的特征与其他事物的区别是什么，作者是怎样说明这个事物的特征的；说理性课文注意体现观点、论据和论证的关系。

从结构的角度看，课文的结构如并列式、递进式、总分、分总或总分总式常常就是板书的主体结构。

其二，语文教材内容的特点不一样，学生学习起来有所不同，板书设计的侧重点就有差异。比如一读就懂的课文，基本能读懂的课文，不易读懂的课文，板书设计有何不同；学生缺乏相关知识的课文，学生缺乏感性知识的课文，与学生的思想情感相距甚远的课文，各种板书的重点是什么；适合朗读或不适合朗读的课文，适合学习写作方法的课文或片段，适合学习阅读方法的课文或片段，板书设计的重点又在哪里。这些都要精心构思。

第三，提炼词句，设计板书的常见方法。

其一，从课文内容入手，提炼词句，拎出要点。

这是设计板书最为常见的做法，它可以揭示内容的内在联系，利于学生理解和记忆。方法的要义还是要抓住不同内容的特征和关键点。

其二，从课文结构入手，提炼词句，理清文脉。

文章的层次结构是作者写作思路的表现形式，设计板书时可按照作者叙述、议论或说明的顺序理清层次，提炼关键词句。如小学语文中的说明性课文包括写景状物类课文、典型说明文、说理性课文等，就要注意抓住这类课文的结构进行设计。

其三，善于抓住重点段落，提炼词句，以点带面。

文章的核心在于重点段，重点段里的重点词语起着突出文义、揭示中心的作用。因此，有些板书设计可以直接从重点段入手，抓关键词语，从而把握全篇。

其四，善于抓住"题眼""文眼"，提炼词句，统领全篇。

有些课文中某一个或某几个关键词足以统领全文，沟通文脉，我们常称之为"文眼"。

第六章　创新写话与习作教育

第一节　写话与习作教育概述

小学语文写话与习作教育，就是平时我们所说的作文教育。细致比较起来，写话与习作教育的范围则宽泛一些，它包括小学低年级的说话和写话，也包括中高年级的习作教育。

一、对于"习作"教育的认识

第一，认识习作教育，首先让我们共同理解"习作"这个词语。"习作"一词，由"习"字和"作"字共同组成，"习作"我们可以理解为在反复练习中学习创作。而"习作教育"，教师在教育活动中通过多种形式的语文训练，帮助学生在反复接触与练习中形成创作技能的一项重要的教育任务。

第二，从课程标准对于"习作"的描述理解习作教育：第一学段，习作叫作"写话"。对于小学生来说，"话"人人会说，天天要说，但一落实到写，好多孩子都会感到"无话可说"。其实这个年龄阶段的孩子，他们有着无限丰富的精神世界，个个都是天生的想象家。他们有着其他任何年龄段所不可能具备的儿童语言财富，只是他们还不知道该如何进行书面表达。因此，在第一学段，我们主要的任务在于引导学生学习语文的过程中，首先来学习别人是怎样把自己想说的话"话"写出来的。要让孩子们知道，每个人心里在不同的时候，面对不同的人，都有自己想说的话。而写话，就是要把自己心里想说的话写出来，有话则长，话

121

少则短，无话也可以不说，不必为了让大人们高兴或者完成任务说成人的话，或者强求自己写自己不想说的话。

到了第二学段，叫作"习作"，强调了一个"习"字。"习"是一个反反复复的过程，不是一蹴而就的，而是一个相当漫长的过程。我们在教育活动中，一定要遵循学生的生活实践，将语文训练与习作教育相结合，本着循序渐进的原则，扎扎实实，一步一个脚印地进行，进而形成学生扎实的习作基础，帮助学生形成良好的习作能力。

二、各学段习作教育目标

总目标关于习作教育的阐述：能具体明确、文从字顺地表述自己的意思，能根据日常生活需要，运用常见的表达方式写作。

各学段习作教育目标阐述：

（一）第一学段对于写话教育的要求

第一，对写话有兴趣，写自己想说的话，写想象中的事物，写出自己对周围事物的认识和感想。

第二，在写话中乐于运用阅读和生活中学到的词语。

第三，根据表达的需要，学习使用逗号、句号、问号、感叹号。

（二）第二学段对于习作教育的要求

第一，留心周围事物，乐于书面表达，增强习作的自信心。

第二，能不拘形式地写下见闻、感受和想象，注意表现自己觉得新奇有趣的、或印象最深、最受感动的内容。

第三，愿意将自己的习作读给人听，与他人分享习作的快乐。

第四，能用简短的书信便条进行书面交际。

第五，尝试在习作中运用自己平时积累的语言材料，特别是有新鲜感的词句。

第六，根据表达的需要，使用冒号、引号。

第七，学习修改习作中有明显错误的词句。

第八，课内习作每学年 16 次左右。

（三）第三学段对于习作教育的要求

第一，懂得写作是为了自我表达和与人交流。

第二，养成留心观察周围事物的习惯，有意识地丰富自己的见闻，珍视个人的独特感受，积累习作素材。

第三，能写简单的记事作文和想象作文，内容具体，感情真实。能根据习作内容表达的需要，分段表述。

第四，学写读书笔记和常见应用文。

第五，能根据表达需要，使用常用的标点符号。

第六，修改自己的习作，并主动与他人交换修改，做到语句通顺行款正确，书写规范、整洁。

第七，课内习作每学年 16 次左右。40 分钟能完成不少于400字的习作。

三、写话与习作教育的理念

正确解读、全面把握这些新理念的精神实质，是我们端正习作教育指导思想、全面更新习作教育观念、探索科学的习作教育策略方法的前提和基础。

（一）兴趣领先，乐于表达

在设定习作初始阶段的目标时，要把重点放在培养学生的习作兴趣和增强习作自信心上，目的是首先要让孩子愿意习作、热爱习作，变"要我写"为"我要写"。因此，在低年级不必过于强调口头表达与书面表达的差异，应着力鼓励学生把心中所想、口中要说的话用文字写下来，消除习作的神秘感和畏难情绪，让学生处于一种放松的心态，这就是我们常说的"我手写我心、我手写我口。"这就是说，在低年级，学生即使没有"作文"的意识也不要紧，要紧的是让学生乐于写、敢于写。

（二）突出个性，鼓励创新

习作是运用书面语言进行表达和交流的重要方式，是认识世界、认识自我、进行创造性表述的过程。并在"阶段目标""教育建议""评价建议"中都特别强调要鼓励学生有个性地自由表达，减少对习作的种种束缚，在习作中培养学生的创新精神。如在第一学段目标中提出"写自己想说的话，写想象中的事物，写出自己对周围事物的认识和感想"；第二学段目标中提出"能不拘形式地写下见闻、感受和想象，注意表现自己觉得新奇有趣的或印象最深最受感动的内容"；第三学段目标中提出"珍视个人的独特感受"，这些表述都隐含着自由表达、个性表达、创意表达的意思。

要强调有个性、有创意地表达，并不等于胡思乱想，其前提条件是生活本身的多样性、知识经验积累的丰富性，以及观察的多角度。所以在第三、四学段的目标中分别做了这样的表述："养成留心观察周围事物的习惯，有意识地丰富自己的见闻"，"多角度地观察生活，发现生活的丰富多彩，捕捉事物的特征，力求有创意的表达"。

（三）贴近生活，引导实践

在"习作教育建议"中要求"习作教育应贴近学生实际，让学生易于动笔、乐于表达，应引导学生关注现实、热爱生活、表达真情实感"；在"习作评价建议"中要求"用积极的评价引导和促使学生通过观察、调查、讨论、阅读、思考等途径，运用各种方法搜集生活中的材料。"虽然要积蓄的东西是多方面的，有生活、知识、语言、思想认识的积蓄，但最主要的是生活的积蓄。学生要"写出诚实的、自己的话，应该去寻找它的源头，有了源头才会不息地倾注出真实的水来。"

（四）夯实基础，读写沟通

降低难度、减少束缚、自由表达等习作教育的思想理念，是为了"让学生易于动笔、乐于表达、有创意的表达，"并不是要削弱习作基本功的教育，而恰恰要求夯实习作基础。在"总目标"中确立了"在发展语言能力的同时，发展思维能力"的总目标，而且在各阶段的目标中提出了具体的要求："在写话中乐于运用阅读和生活中学到的词语"（第一学段）；"尝试在习作中运用自己平时积累的语言材料，特别是有新鲜感的词句"（第二学段）；"能根据习作内容表达的需要，分段表达"（第三学段）；"运用联想和想象，丰富表达的内容，能根据文章的内在联系和自己的合理想象，进行扩写、续写"（第四学段）。由此可见，夯实基础主要是指语言能力（指字、词、句、段、篇的基本功，它是语文素养的基础，也是习作创新能力的基础）和思维能力，它是习作教育的重点，而且要做到同步发展。

（五）合作分享，共同提高

新世纪新教育的基点是终身学习，而学会与他人合作分享以求共同进步是终身学习的起码要求。如在"阶段目标"中提出"愿意将自己的习作读给别人听，与他人分享习作的快乐"（第二学段）；"修改自己的习作，并主动与他人交换修改"（第三学段）；又如在"教育建议"中提出要"重视引导学生在自我修改和相互修改的过程中提高写作能力"。再如，在"评价建议"中提出"要引导通过学生的自改和互改，取长补短，促进相互了解和合作，共同提高写作水平"。

合作分享既是习作的一种方式，又是习作的一种动力；学生在合作中分享、在分享中合作，可以创造出习作教育的理想境界。

第二节　写话与习作教育策略

我们不仅要正确解读、全面把握习作教育的新理念，还要努力将这些理念变成习作教育行为。这就需要探索创新习作教育的基本策略，以增强教育的针对性、指导的实效性。

基本指导策略，是指反映习作教育规律、具有普遍指导意义的策略及方式方法。探索创新习作教育基本指导策略的主要目标是解决学生"乐于写"（兴趣）、"有写的"（积累）、"写得来"（方法）等问题。

一、指导学生"乐于写"的基本策略——激发习作兴趣

（一）创设情境法

在习作指导中，教师精心创设的情境，不仅能使学生感到有话可写，在轻松愉悦的氛围中找到需要表达的内容，而且能激发起学生浓厚的习作兴趣、调动起学生强烈的习作欲望。

（二）语言诱导法

不少教师习惯于给学生讲习作之于人的一生发展的重要性，想以此来激发习作欲望、调动习作兴趣，但效果往往并不理想。因此，习作重要性的教育难以给他们以心理、情感或精神需求上的满足，这样所产生的动力是很有限的。这就告诉我们，要想激发学生的习作动机，调动他们的习作兴趣，就得想方设法满足学生的心理、情感需要，让他们体验到习作的快乐。教师入情入境的语言引导就是一种极有效的方法，往往能沟通学生的心灵，激发他们的习作欲望，活跃习作的形成。

（三）自主拟题法

习作是"缘情""言志"之物，真实的习作应该是"我手写我口"，而不是无病呻吟，为习作而习作、为考试而习作。由于在传统习作指导中往往是教师设定命题，然后学生去写。而命题只有一个，学生却有几十个，有的学生对此命题有感触，有东西可写；有的学生则可能对此命题不感兴趣，讨厌去写。如果学生对习作不能产生需要、缺乏兴趣，就很难写好作文。一个很有效的办法就是把习作的主动权交给学生，让学生通过自主命题，写自己有真情实感、饶有兴趣的内容。让学生"自主拟题习作"，并不是说教师可以放任自流、不加引导。一般来说，学生"自主拟题"能力的形式需要经历一个"由扶到放"的过程，在开始阶段，教师可以组织学生从交流习作素材入手，引导学生从自己积累到的习作素材中拟定习作题目，然后组织学生评比，看谁拟定

的习作题目新颖有趣，让学生从中初步掌握拟题的基本方法，并且在平时的习作指导中坚持引领学生自拟题目，逐步提高学生自主拟题习作的能力。

（四）合作习作法

就是让学生习惯于独立习作为学生集体或相互交流式的习作，使学生在习作中互相激发思维、激发兴趣，使每个学生的习作增加了更多读者。

（五）品尝成功法

使学生在习作中获得成功的感受包括：一是对习作采取评赏性的评改方法。就是教师首先要当好学生习作的忠实读者，从批评的取向改为欣赏的取向，使评语、评分能更好地激发学生的习作动机。二是组织广泛的作品交流活动。世界上几乎没有不为传播而写的文章。学生把习作读给同学、老师听或拿给伙伴、家长看，还可以张贴在"习作园地"里展览，甚至可以出版作文集，这些都是传播方式。因此，教师要尽力创造条件让学生的习作得以广泛的传播交流，这十分有利于让学生品尝成功的快乐、增强习作的兴趣。

二、指导学生"有写的"基本策略——积累习作素材

（一）观察积累法

大千世界，有写不尽的人、事、物、景，然而学生习作时却往往空洞无物。这因为教师引导不到位、学生观察不得法。我们要从激发学生"对周围事物有好奇心"出发，着力于引导学生观察积累，使万事万物汇入学生笔尖。

（二）活动积累法

小学阶段，孩子们最热衷的莫过于做游戏、动手实验、参与各种实践活动，拥有自己的兴趣与爱好。也正是这些点点滴滴组成了多姿多彩的童年。教师有目的有组织地引导学生开展或参与各种活动，提供亲自感受现实生活的机会，不仅有利于学生积累真实、生动、典型的习作素材，而且还有利于他们在体验情感、

提升认识的过程中深化习作主题，写出富有生活气息和鲜明个性特征的习作来。学生在参与这些活动中，感受了事情的经过、了解了基本的事实，学到了鲜活的语言，就会有东西可写，有感而发。

（三）阅读积累法

阅读能为学生打开通向世界、连通古今、通向内心的门户，能为习作找到数不清的"切入点"并树立许许多多的"习作的范例"。因此，在引导学生通过观察、活动等途径积累直接性习作素材的同时，还要引导学生通过阅读积累间接性习作素材。

三、指导学生"写得来"的基本策略——增强习作能力

学生习作，有了直接素材或间接素材还只是第一步，要达到"写得来"特别是"写得好"的要求，还必须具备基本的习作能力，掌握常用的方法技巧，如怎样选材、谋篇布局、语言表达等等。根据习作教育新理念，吸取借鉴习作教育的成功经验，我们再不能走"急于求成"（传授式）的老路了，而应着力于引导学生进行丰富多彩的习作实践，让他们在实践中悟得习作的方法技巧、形成习作的基本能力。引导学生进行习作实践的主要策略方法有：

（一）突出重点法

文章是一个由诸多因素构成的综合体，习作需要多方面的修养历练和持之以恒的实践锻炼。因此，培养学生的习作能力必须从整体着眼、局部着手，做到每个学段、每个学年、每个学期、每一次习作教育都有所侧重，逐步提高学生习作能力。

（二）系列练笔法

就是根据习作教育的目标，结合班上学生实际，开辟多个系列的习作训练途径，引领学生多练笔，在实践中增强习作能力、领悟习作方法。

（三）仿中学写法

模仿是儿童的一种心理特性，也是他们习作起步的重要台阶。因此我们要充分利用"读写结合、相似迁移"这条快捷途径，通过向学生提供优秀的范文引导模仿，让他们在模仿活动中渐渐消化吸收，成为其习作构思时受到启发的"原型"。模仿的对象除教材中的范文外，还要有目的地从课外读物中选择好的范文让儿童"临摹"，甚至可以把教师的"下水"文或班上学生的优秀习作当"范文"，因为"身边的榜样"学生更感亲切、乐于学习。

（四）情境自悟法

古代文论有"情以物迁""辞以情发"之说。这告诉我们，习作教育要变"授之以鱼"为"授之以渔"，引导学生在具体生动的情境中自主感悟习作方法，并依照自主感悟而来的方法自我撰文、自扬情愫、自抒心声。

（五）命题促写法

习作命题就是一个刺激物，如果太难，90%的学生不能调集心中积累的信息来解题；或者太容易，90%的学生不用动脑筋就轻而易举完成了，都不符合"发展性教育"原则，当然也不利于学生习作能力的发展和习作方法技能的获得。根据信息（学生已有积累）与习作命题平衡的规律，成功的习作命题既要尽量满足学生的信息积累，也要有一定的难度进而促使学生创造条件解题，这样才能进入学生的心理需求、激发学生的习作动机、促进其习作能力的发展。

四、对习作的评价

（一）对习作评价的认识

教师修改学生的习作，目的不在于把一篇习作修改得怎样完美，而在于帮助学生提高运用文字的能力。所以说，教师对学生的写作评价应具有针对性、探究性、指导性、激励性，写作评价时要注意这几个问题：

1. 针对性

首先要考虑到每次作文的写作要求。这些要求既是"课程标准"对所在年级学生的写作要求，又是教师根据各个单元训练项目和学生实际总结出来的具体训练要求。教师应针对要求作出适当的评价。使学生养成认真审题，按要求写作的好习惯。

2. 探究性

新课程标准提倡学生尝试新的学习方式—合作、探究。实践新课程理念，要引导学生主动探索写作的奥秘，揣摩作文评语，获得写作的指点。可抓住作文评语与学生交流的机会，多种方式交叉使用，启发学生知其然，知其所以然。改变学生写作中注重结果，不注重过程，注重接受，不注重思考的习惯，培养学生敢于质疑，敢于否定，敢于挑战的批判精神。

3. 指导性

学生文章有不足之处或缺点错误，教师要提出来指点，学生改后再指导学生对修改前后文章做个比较，从而领悟教师的评价，体会修改前后的优劣。

4. 激励性

缺乏激励，一个人自身的潜力只能发挥百分之二十至百分之三十，而正确与充分的激励，则能使人发挥其自身潜力的百分之八十至百分之九十。写作评价时，不仅要在总体上对文章的优点给予充分肯定，而且要对文章一些小的优点，某一方面的长处也应给予表扬和鼓励。尤其对后进生的文章闪光点，哪怕一个词或一句话用得好也要给予鼓励，以此培养学生写好文章的自信心。

(二) 习作评价的策略

评价"不在于证明，而在于改进"。因此，新课程理念下的小学习作教育评价策略，必须淡化传统评价的选拔、甄别功能，以强化改进与激励功能，实施开放性、多元性与创新性评价，以促进学生的全面发展、健康成长和快乐学习。

1. 评价的主体：由独家评议转向众说纷纭

注重教师评价——教师评价不必面面俱到，完全可以挑选一两个测重点进行重点评价或专项评价。

引导学生评价——学生评价就是学生对自己的学习成果的自我检查、自我反思、自我矫正。学生自我评价有利于增强学生的自尊心、自信心和自主性。此外，还要引导学生互相评价。这有利于学生认清自我，取长补短，建立良好的同学关系，形成勤学上进的氛围。

邀请家长评价——邀请家长评价不失为一种有效的评价方式。家长对评价孩子的习作兴趣浓厚，也可以从中了解到孩子的情况，便于对症下药，强化辅导，帮助孩子树立信心。

争取社会评价——社会评价有助于学生认识到：不同的人对同一事物有不同的视角，得出不同的结论。而一个人必须学会接纳，学会包容，学会汲取，学会进取。学生进行社会调查或参观某单位、采访某领导之后，就可以把自己写的稿子送给有关的单位或个人审阅，这就是争取社会评价的有效方式。

2. 评价的导向：由注重作文转向人文关怀

习作评价必须强化以人为本，注重人文关怀，彰显学生的个性风采，引领学生健康成长。

习作评价让学生明理——教师在剖析习作素材的基础上，要引导学生发掘习作中蕴含的理性色彩，启迪学生进行更深刻更全面的思考，以领悟事物之中包含的深刻道理。

习作评价为学生导行——为了充分发挥习作的育人功能，评价时要努力做到习作练笔与习作育人的和谐统一。通过对习作素材的评说，让学生领悟到一些作文与做人的基本道理，并引领学生践行那些良好的传统与现代的文明。

评价教育学生处事——当今的习作教育，倡导教师要引领学生走向生活，融入社会，练就为人处事的本领。因此，教师必须善于利用习作评价，把握学生的思想脉络，洞察学生的内心世界，趁机渗透一些正确的处世哲学、处世技巧，让学生掌握生存之道。

习作评价学生自信——习作评价要顾及学生的心理特点，力求富有赞赏性和激励性，让学生感到自己就是一块金子，自己有巨大的潜能。

3. 评价的方法：由传授知识转向启发创新

一切知识中最有价值的是关于方法的知识，教人当以方法为主。的确，科学的方法具有举足轻重的作用。因此，习作评价的方法，既具有指导性，传授一些必要的知识方法，让学生继承先进的东西，学有所获，又富有启发性，让学生有所创新，发扬光大。

随着年龄的增长和生活阅历、知识的增加，小学生的独立意识和自我意识逐渐增强，他们不喜欢教师高高在上的架势和盛气凌人的说教，而期望与老师建立平等、民主的关系，进而展开情感的交流、思想的沟通、思维的碰撞。教师以探讨者的身份平等地参与其中，学生就容易接受。所以，习作评价不要一味地传授灌输修改和作文的方法，而要善于运用启发式的评语和商量探讨的口吻，让学生在宽松、民主的氛围中受到启迪，并逐渐掌握作文、修改与评价的方法和规律，提高作文能力和评价水平。在习作评价中给学生指点学习方法与启发创新的切入点是多种多样的，我们可以从拟题入手，可以从立意入手，可以从选材入手，可以从布局入手，可以从表达方法入手，也可以从遣词造句入手……

4. 评价的尺度：由一视同仁转向因人而异

人是有差异的。习作评价时必须尊重学生的个性，顾及学生的个性差异，尽最大努力满足不同类型、不同层次的学生对习作学习的不同要求，以促进不同程度的学生获得充分发展和最优发展。因此，评价的尺度要有弹性，评价的指标要有差异，不能用同一把尺子去衡量所有的学生。我们积极倡导学生自己跟自己相比，倡导用不同的标准去评价不同的学生，倡导多角度评价同一个学生。总之，教师对优等生可适当严一些，对后进生可适当宽一些。因为评价时"多一把衡量的尺子，就会多出一批好学生"。

习作最能体现出学生的个性差异。这不仅因为一个班级的几十名学生，其生活经历、知识水平、写作能力不一样，而且因为习作最具创造性和个性风采，所以评价习作时必须考虑这一实际，针对不同层次的学生提出不同的要求，做出不同的评价，力争因人而异，区别对待。对待优等生，可侧重指出选材立意、谋篇布局、表达技巧等方面的问题；对待后进生，可侧重指出字、词、句、段、标点等方面的问题。即使是相同的毛病，也要针对不同的对象，做出不同的评价。

为了让学生树立习作的信心，充分体现评价尺度的多样性和差异性，习作评价者应该具备"四心"：有诚心——每个孩子在习作中都显露了他们的智慧和个性风采，哪怕是点滴进步，教师都要给予肯定和赞美；有公心——赏识要面向全体学生，不能只关爱优等生而遗忘后进生；有耐心——对学生习作中存在的问题，教师要耐心辅导，细化指导，让学生认识不足，掌握方法，并尝试修改或重作；有偏心——偏爱后进生，多多关爱，多多扶植，放大优点和亮点，缩小缺点和不足，给他们多一些肯定，多一些赞美，多一些激励，让他们沐浴着阳光雨露。

第七章　创新小学识字与写字教育

第一节　小学识字教育的现状与思考

一、识字与识字教育

越是平常的事情，越是难以说个明白，人们习以为常的现象往往隐含着深邃的奥妙。凡是读过书的人大都知道"识字"是怎么一回事，但真要给它下个定义，却实在是一件不容易的事情。但"识字"是讨论问题的起点，必须要对其做出科学的解释。简括地说，识字就是认识文字，认识汉字。所谓文字一般指记录语言的书写符号、语言的书面形式、文章（多指形式方面）。但这里的"文字"，既不泛指"语言的书面形式"，也不泛指"文章（多指形式方面）"，而是专指"记录语言的书写符号"，具体说来，专指"记录汉语的书写符号"。当然，由于"记录汉语的符号"也有"单个符号"与"符号体系"之别，我们在此讨论的"识字"的"字"，是以汉字个体为基点、汉字体系为指向的"记录汉语的符号"。但无论是已经简化过的汉字，还是未经简化过的汉字，其中的"字"指的都是记录汉语的书写符号，都是由字音、字形、字义三个要素按构字规则组合而成的复合体。"认识汉字"包括"认字"和"识字"两个阶段。"识字"不同于"认字"，认字需要情景的衬托，而识字是独立的。在特定情景中认出汉字的行为只能叫"认字"，识字则指儿童能在任何情况下都能辨认出汉字来。

二、识字的功用

汉字是记录汉语的符号，它既符合一般文字记录语言的规律，也有其他文字所不具备的特点。识字，除了具有发展语言的作用外，还具有开发智力、培养审美情趣和维护民族统一的功用。①发展语言，促进语文综合素养的提高。从人类个体言语发展的过程来看，口头言语（听和说）先于书面言语（读和写）。儿童入学前就已初步具备了口语表达能力，词汇量已达 4000～5000 个。这为儿童由口语学习转到书面语学习奠定了一定的基础，也为书面语记录者——汉字的学习奠定了基础。儿童入学以后，开始通过阅读和写作发展书面言语能力，并通过书面言语能力的提高促进和完善口语交际能力发展，进而促进语言整体能力的发展和语文综合素养的提高。②开发智力，促进认知能力的提高。汉字不同于拼音文字。拼音文字音形一致，见形能读音，识字时主要义码在左脑发生作用，属于单脑文字；汉字是音形义统一体，识字时需要音码、义码同时在左右脑发生作用，属于复脑文字。汉字有利于促进智力的发展，因为感知汉字可以发展视知觉，听字音能发展儿童的听觉，识记汉字能促进注意力和记忆力的发展。识字需要对字的音、形、义进行分析综合，比较异同，这就需要思维活动。汉字本身既有具体图像的特点，又概括标记现实的事物，识字可以为儿童由形象思维向抽象思维过渡架起一座便捷的桥梁。③陶冶审美情趣，培养对祖国语言文字的热爱之情。识字，不仅是读书和写作的手段，是培养认知能力的津梁，而且也是进行审美教育的重要途径。识字教育本身就具有独立的语文教育意义，掌握汉字本身就具有独立的审美目的。汉字形体优美，结构讲求对称又富于变化，追求严整又不失灵活。笔画简单的字布局匀称，落落大方；笔画繁多的字结构紧凑，按部就班。汉字也不是简单机械的笔画组合，而是以义为本，在笔画组合成"形"后蕴含着丰富的"义理"。在识字教育中，让学生了解一些汉字知识和汉字形体、结构、笔画的特点，认识汉字的形体美，体会汉字的意义美，可以在潜移默化中培养学生的审美情趣，使学生对祖国语言文字的热爱之情油然而生。④传承民族传统文化，维护民族统一。识字除了具有上述几项作用外，还具有传承民族文化的功能。汉字除了帮助人们进行交际之外，其自身就是我们民族文化的载体和重要组成部分。在一定程度上，一个汉字就是一个精灵，一个汉字就是一部文化史。特别是在全球化的今天，汉字可以说是维系历史发展的纽带和维护民族团结的磁铁。正是通过汉字才打通了历史的时空，使今人仍能看懂古代乃至上古时期的书籍；也正是通过汉字，便地域广阔、方言众多的中华民族能够沟通和交流，进而有效地促进了民族的统一。因此，认识汉字可以更好地传承民族传统文化，维护中华民族的统一。

三、形成汉字教育的新理念

由于汉字的特殊性，汉字教育不仅仅是为读写服务的，汉字的教育过程是培养规范意识、书写技能、良好习惯、性格养成的过程，是体会和认识民族文化的过程。在这一过程中，还能增强学生对祖国语言文字的热爱，初步学会运用祖国语言文字进行交流沟通。新课标：①降低量的要求，每天都要安排写字练习时间，当然要在教师的指导下，掌握基本笔画类型、间架结构、运笔；②重点明确，不平均用力，掌握最基本的汉字；③以前要求会写即可，现在还强调坐的姿势、执笔的姿势等，因为这种要求对儿童性格的养成有好处。

一般认为，识字教育是基础教育语文教育的重要组成部分和基础。其实，识字教育不仅是基础教育语文教育的重要组成部分和基础，而且是整个基础教育的重要组成部分和基础；识字教育对人的全面发展具有重要的奠基作用。与基础教育语文学科其他组成部分相比，识字教育的目标更加明确，体系更加完备，效果更加显著，具有相对的独立性。

第二节 小学语文识字教育的发展及实施

近年来，识字教育越来越受到学校和教师重视。传统的识字教育方法，比如先学汉语拼音再学汉字，先学笔画少、字形简单的汉字等方法都在教育中起到很好的效果。随着时代发展，我们小学教师也要不断创新，寻找识字教育当中的新方法、新理论，为教育所用。

语文教师应高度重视课程资源的开发与利用，创造性地开展各类活动，增强学生在各种场合学语文、用语文的意识，多方面提高学生的语文能力。在语文教育的这一片广阔天地里，蕴藏着丰富的自然性、社会性、人文性等语文课程资源。因此，语文教育应植根于现实的空间，要有强烈的资源意识，去努力开发，积极利用。在语文课程中，识字教育的资源非常丰富，学生学习汉字具有得天独厚的条件。

一、小学生识字教育的重要性

（一）阅读能力是儿童学习的基础

凡是没有学会流利地、有理解地阅读的人，是不可能顺利地掌握知识的。所以说，阅读是儿童学习各学科知识的基础，是获取知识的重要手段。一个儿童阅读能力的好坏直接影响着他对所学知识的理解和掌握情况。首先，我们要明确儿童阅读的目的是提高儿童学习兴趣，积累知识培养能力。儿童接受能力比较快，早期阅读也使儿童提高了对知识的掌握程度，并且通过阅读可以打开学习方法的大门，便于以后知识迁移触类旁通。阅读的能力好坏，可以影响儿童的学习效率，从而影响儿童对学习的正确认识乃至对实施素质教育的影响。所以说，阅读能力是儿童学习的基础，是儿童学习的关键。

（二）尽早阅读能有效培养自我教育能力

真正的教育是自我教育。儿童的自我教育往往是从读一本好书开始的。首先，孩子很小就读一些优秀的文章不但能丰富知识开阔视野，对其思想和认识也有很大影响。试想在孩子刚刚懂得是非道理的时候就用好的思想观念来熏陶教育，对孩子以后形成良好的品德、乐观的性格以至长大后所形成的世界观、人生观和价值观都有着非常重大的意义。其次，阅读能力包括一个核心那就是理解。阅读能力形成得越早，理解能力则发展得越快，儿童自我认知省悟、学习能力就越强，儿童进行自我教育的能力便会日渐增强。读一本好书就等于同一个优秀的老师谈话，学习一篇好文章就等于上一堂生动的思想教育课。因此尽早阅读是进行自我教育的有效途径。

（三）尽早阅读有利于促进内部言语和思维的发展

孩子早期阅读，吸收了广博的知识，了解各种各样的事物，丰富其认知和情感，也给以后的语言发展积累了丰富的词汇。这对以后文章的理解能力、感悟能力和对事情的思辨能力都有好处。儿童无论在听课、回答问题或做作业时的理解、思维等都必须用内部言语做物质基础和工具。思维越高级越需要高水平的内部语言。而大量阅读，特别是早期阅读能不失时机地促进儿童内部语言发展。这样，不但丰富了儿童的认知和情感，还提高了儿童的世界观，人生观和价值观，使儿童对身边的世界有一个丰富的、全面的、正确的认识。而思维的发展也是在阅读能力的基础上才有的。儿童阅读能力和效率提高了，思维能力自然就成熟了，大脑的认知更加全面，使儿童在很小的时候就可以形成系统思维。这对儿童将来的发展有着极其深远的影响。

（四）尽早阅读能够培养儿童的注意力

一个儿童的注意力水平是他能否学习好和心智发展快慢的最基本条件。而阅读能有效地培养儿童注意力的高度集中。儿童的学习越困难，在学习中遇到的似乎无法克服的障碍就越多，就应当更多地阅读，也就是应该用阅读来培养他的注意力。阅读能教他理解和思考，而理解和思考会变成一种激发智力的刺激。学生理解和思考得越多，在周围世界中看到的事物就越多，对知识的感受性就越敏锐，从而在潜移默化中增加了儿童对事物的注意能力。这样对事物的观察越来越敏锐、细致，对事物的思考逐渐走向成熟。

（五）尽早阅读有利于培养儿童的学习兴趣

只有书籍成为学龄初儿童最有吸引力的精神需要的地方，才会有学习的愿望。尽早大量阅读能够满足儿童强烈的好奇心，激发儿童的学习兴趣，有利于兴趣的保持，使阅读习惯养成和学习动力定型，使学习兴趣稳定而持久。理论研究认为在学习活动中兴趣起着定向和动力功能的双重作用。儿童有了一定的阅读能力，就可以根据自己的喜好随意地选择图书并能持续地以浓厚的兴趣阅读自己喜欢的读物。这样拥有浓厚的阅读兴趣并保持良好的阅读习惯，日渐积累、循序渐进，便迁移为强烈的学习兴趣和求知欲。古语说："授之以鱼不如授之以渔。"想要让儿童获得丰富的知识，首先就应该培养儿童的学习兴趣，以激发孩子的求知欲，进而落实在学习行动上。所以想要培养儿童的学习兴趣就要适宜地培养孩子的早期阅读。

（六）尽早阅读有利于加快儿童社会化进程

阅读能力培养得越早，掌握事情的能力也就越强，社会化进程也就加快。儿童掌握社会经验和社会关系系统是个多方面的过程，其中包括掌握参加社会生活所必须具备的道德品质、价值观念、行为规范及形成积极的生活态度、善于自我调节、掌握交往技能等。尽早阅读使儿童在自我教育的同时也加快了从自然人向社会人的转化。儿童通过早期阅读更加地了解他所在的社会，通过识字阅读这个过程来丰富社会经验、形成个性，不但成为社会作用的客体而且成为具有社会作用的主体。

总之，让儿童尽早阅读不仅能有效地发展智力，培养非智力因素同时还能有效地进行思想品德教育。因此，从某种意义上说尽早阅读是抓住了素质教育的关键一环。为了使儿童尽早大量阅读就必须先进行快速识字。

二、浅析传统的识字教育方法

（一）先学汉语拼音再学汉字

让入学儿童先学汉语拼音，验收过关后才教育汉字。其实大可不必进行这种耗时的训练，因为一个学生拼音文章读得再流利最后还是要转到读汉字文章的。汉语拼音在教育汉字中起辅助作用，在学习汉语拼音的同时学习汉字是比较好的方法。

（二）先学笔画少、字形简单的汉字

教育中遵循先易后难的教育规则是正确的，问题在于哪些字是容易学的哪些字是难学的历来有分歧。有人认为笔画少的、字形简单的字容易学，应先学，因此许多教材中大多数是先学"人、口、手、上、中、下、大、小、多、少……"然后再学字形复杂的字。

（三）从看图识字开始学汉字

有些教材在小学生初学汉字时在所学的字上都配有相应的图，认为学汉字应该从看图开始，不让学生产生汉字难学的情绪。汉字是象形文字，为提高学习兴趣，有些字在初学时可以介绍它的演变过程。但是不要让学生对图产生依赖心理。否则一旦字和图分开许多字就不认识了。汉字是一种表意文字，具有方块图形的特点，可以说每个汉字本身就是一幅图，加上汉字组字有一定规律能促进联想，易引起儿童的兴趣，因此大可不必因难学而配以太多的图。

（四）先学"四会"字

在现行的许多教材中一开始学汉字就要求"四会"，即会读、会理解字义、会写、会用。这对初学者来说难度较大。要求小学生会读字后即会默写和运用，那学习的量一定不会很大。但汉字若没有积累到一定数量是不能阅读文章的，因此就会出现学了几年学生还不能读浅近读物的现象。这无论是从当今信息社会发展的要求还是从学生自身智能发展的需要来看都是不相适应的。

三、小学语文识字教育分析

新课程实验中教师们常用"趣味识字教育法"力求做到"寓教于乐"。生动有趣的识字教育符合儿童的认知心理，但过于关注趣味性而忽略了科学性反而造成了识字教育的低效率和假语文的现象。主要表现在如下几个方面。

（一）重字形轻理据违背汉字构字规律

在新课程自主、合作、探究理念指导下，教师通常鼓励学生自主识字，用各种看似形象有趣的识字方法来分析字形、记住字音。

（二）重字音轻字义忽视汉字构字规律

现在的常态课教育乃至于一些优质课教育中教师按部就班一拼拼音、二读生字、三唱笔画最后组词说话，教法单一、程序固化。尤其许多教师在生字的读音上倾注了大量的精力，采用范读、个别读、齐读、小组读、开火车读、赛读等多形式让学生读准字音、记住字音而很少涉及字义。即使涉及字义，或随文解释或轻描淡写或蜻蜓点水一带而过。音义分离实际上影响学生对字形的识记。这种教育严重忽视汉字的构字规律。

（三）重个体轻整体违背汉字系统规律

现行语文教材的生字大多是随文出现的，集中识字除外，将识字、阅读结合起来增加了识字的趣味性。然而这种分散识字不能按一定的构字系统编排，使识字教育处于相对零散的状态，不仅难以做到举一反三、学一字带一组字，而且高年级时生字的回生率很高。这样教育违背了汉字的系统规律。违背汉字系统规律最突出的是部首教育。部首教育在识字教育中具有举足轻重的作用。科学知识是形式决定内容，这完全违背了辩证唯物主义思想。教研工作如此不能说不是小学语文教育的悲哀，鉴于此建立与实践科学的识字教育就非常紧迫和重要了。

四、小学语文识字教育的方法研究

（一）根据儿童的思维特点，把抽象的符号具体形象化

识字本身是枯燥的，而对于枯燥的事物人的情绪总是消极和被

动的。如果学生们一味地被动识字，不仅识字的效率低，而且还在一定程度上束缚了思维的发展。因此，作为教师，一定要在起步阶段通过多种途径来营造识字教育的良好氛围，充分调动起儿童识字的兴趣，不断激发学生去体验识字的乐趣。只有这样，学生才能乐于识字、主动识字。例如，在开课之初教师就演示几个学生在学前接触过的有代表性的会意字、形声字，通过画面与文字的演变，使学生将自己头脑中的资源与眼前所见的画面产生联系，从而激起学生探索祖国文字奥秘的欲望，对学习识字产生浓厚的兴趣。

（二）利用游戏的形式，调动学生学习抽象文字的兴趣

兴趣是激发儿童学习的动力。游戏是儿童喜闻乐见的形式。儿童喜欢模仿，喜欢表现。教师在教育中，要利用游戏的形式调动学生学习抽象文字符号的兴趣，不断采用儿童喜闻乐见的形式来进行教育。如猜字谜、找朋友、风车转转，将这些儿童学前生活中的游戏引入课堂，使课堂成为学生学习的乐园。学生在课堂上感受到了学前游戏的乐趣，对识字就会兴趣盎然。

（三）给字配"画"培养学生的想象能力

想象力比知识更重要。因为知识是有限的，而想象力概括着世界上的一切，推动着进步，并且是知识进步的源泉。在识字教育中，教师要根据学生思维的特点，引导学生想象，帮助他们把抽象的符号具体形象化。简笔画简洁、生动且内蕴丰富，给人以极大的想象空间。低年级儿童对图画的兴趣浓于文字。在生字字形教育中，教师要不失时机地让学生发挥自己的想象，给生字配上"身体动画""思维动画"。如教育"跳、扔、举、拍、扫、洗、刷、端"一课时，让学生运用想象给生字配上身体动画，让字形在脑海里如动画般流出来，让一个个静止的生字都活起来，初步培养他们的识字能力。给字配"画"，在图画与文字的巧妙联系中丰富了学生的想象，使学生生动地识字，有效地提高学习效率。如在教"雨"这一个生字时，教师根据小学生对这一个字的理解，在黑板上把这个字生动地画了出来。

第三节　低年级识字教育

一、从"封闭教育"走向"开放教育"

过去的识字教育通常是"封闭的教育",就单一的教材进行学习,就单一的课堂学习进行识字训练。随着新课程的改革,"封闭教育"必然走向"开放教育",学生必然会突破原有的识字教育的封闭状态,会在一种动态、开放、主动、多元的学习环境中学习。

（一）开放教材

在教育中,我们要创造性地使用教材,因此在识字教育中,应注意以下三点。

1. 识字教育与民族文化

语言文字是一个民族的精神象征。随着历史的演变,只有中国的甲骨文字演变为现代汉字。汉字不仅是记录汉语的文字符号,而且是负载着古代科学知识和文化观念的全息标志;它本身就具备了博大精深、源远流长、丰富多彩的文化含量;一个个方块字本身就是能引起人无限感情的宝库。让识字教育与民族文化相结合,这是每一个教师的职责。刚入学的儿童喜欢探奇求新,对自己所要学的东西总是存在着一种自豪感,给他们介绍汉字的辉煌历史和光明未来,在很大程度上激发了孩子们的识字兴趣。

2. 识字教育与阅读实践

"字不离词,词不离句",将识字教育与阅读实践结合是巩固识字的好方法。一是鼓励学生阅读趣味性较强的儿童读物,二是将所学生字进行再创造、组成词、串成句、连成段,让生字在不同的语言环境中再现,巩固加深学生对其的印象,从而提高识字的效率。学生通过读词语、读句子再次识字,避免了单一的教材识字,增强其阅读识字的兴趣。

3. 识字教育与生活实际

识字教育与孩子们的生活实际相结合。将所学知识的运用重新回到学生周围的社会、生活中去，重视动手能力的培养，重视操作，从而激发创新能力。如教育"杏、李、桃、苹"字时，让学生自己动手制作水果价格的标签。他们根据自己的喜好，创造出色彩丰富、造型新颖的标签，在写标签的同时也巩固了这几个生字的字形，加深了记忆。

（二）开放课堂，即开放教育空间

开放的教育空间应是引导学生走向社会、走向生活，引导学生在课下、课外广泛识字，为学生创造广泛的实践空间。让他们感受到生活中处处有语文，处处是课堂，从而更加主动地去寻找更多的识字渠道。

1. 教育空间向综合学科延伸

把语文识字与数学、美术、思品等结合起来，实现跨学科的"综合性学习"，发挥各学科的综合效能，全面提高学生的识字兴趣、识字效率。

2. 教育空间向家庭延伸，向社会延伸

让家长也来"打开语文书"，和孩子一起走入语文课本、走入孩子们丰富多彩的识字学习中来，让我们把从课本中所认识的生字在孩子轻松愉快的游玩中再现，对其进行潜移默化的强化。如，路过车站一起认认站名，走过商店一同读读店名，经过工厂一起念念厂名……使语文识字真正走入孩子们的生活中，使孩子们真正地在生活中感受到识字的乐趣。

3. 教育空间向各传媒延伸，向电脑网络延伸

学生可以到街头去搜集广告牌的错别字，可以到玩具商店去搜集商标字，可以上网查找有关文字的趣味故事、识字的秘诀，可以到图书馆去查阅资料……

二、从"单一教育"走向"多样教育"

识字教育的内容比较单调、枯燥，识字过程中也容易流于枯

燥乏味。教师对识字教育不够重视，把识字教育简单化，以识字来教识字，试图用一个单一的"多"字教育来解决问题。多读、多写、多练，固然能强化识字记忆，让一个孩子写三至四遍是最佳的记忆程度，此时的记忆和兴趣正好互为补充。

(一) 调动多种感觉通道，引导发现识字方法，拓宽思维空间

1. 用好双眼，让学生学会观察

儿童总是睁大眼睛看世界，因为世界对他们来说，是陌生而新奇的，他们不仅用眼睛，用智慧，而且是用整个心灵去感知周围世界，用他们的双眼，打开观察这扇大门，以观察为基础，让观察成为识字教育的一个有机切入点，引导学生在观察中发现识字方法，在观察中总结识字规律。

2. 解放嘴巴，让学生敢说、敢问

在识字教育中，要常常鼓励学生把自己双眼观察到的字形特点大胆地说出来，把自己的想法、疑问提出来，这样能更好地拓展孩子的思维。

3. 解放头脑、身体，让学生敢想、敢做

低年级的学生是最富有想象力的，他们的思维既形象又活跃。在生字字形教育中，学生发挥自己的想象，让身体动起来，用自己的肢体语言，让一个个静止的生字都活起来。如教育"人、从、众"时，让孩子们大胆想象，用自己的身体来表现字形。人：一个学生单独张开腿站；从：两个学生并排张开腿站；在他们后边一个孩子站在凳子上，他们三个合在一块就变成了"众"字。在学生自己的想象中，自己的亲身实践中，很快就熟记了这三个字。

(二) 融合多种识字方法

培养学生的创造性的思维品质，通俗地说，就是引导、鼓励孩子们想得远些，想得快些，想得与自己过去不一样，想得与别人不一样；说得概念一点，就是有意培养学生思维的广阔性、思

维的流畅性以及思维的独创性。

识记生字的方法很多，有"加一加""减一减""换一换""分解法""动作演示法""游戏法""字谜法"及"歌诀法"……所以在学生才开始学习生字时，注意把这些识记字形的方法逐渐教给学生。在学生掌握了这些方法以后，注意在课堂上发挥学生的主体性，让学生自己运用这些方法灵活地记忆字形。教师重视培养学生的创造性思维，要从培养学生思维的灵活性、求异性和独创性入手，给学生提供更多的创造机会。因此在学生学习生字的字形时，常常会问这样两个问题：记这个字还有不一样的方法吗？还有更特别的方法吗？充分调动学生的学习积极性，鼓励学生用不同的方法灵活学习汉字，使不同层次学生的思维始终处于积极而求异的状态，使每个学生都能参与创新实践，学生就能获得创新的成功喜悦，就更乐于求异，敢于创新，生字的学习将趣味无穷。所以，几乎每一个生字，孩子们总能说出几种识记字形的方法。

在学习过程中，允许和鼓励学生们有不同的记忆生字的方法，倡导学生想自己所想，说自己所思，鼓励学生从不同角度、采取不同方式思考问题，激励学生敢于发表不同意见。每到此时，就会被孩子们的智慧所征服。学生们在追求标新立异的答案的同时，他们已经开始多角度、多方面地思考问题了！也就开始学会发散思维、求异思维！每个孩子都孕育着创造力，如同一粒沉睡在土壤中等待萌发、急切盼望破土而出的种子，关键在教师对学生的潜心启迪和培养，充分挖掘教材中和学生身上的点点"创造性思维"的火花，将创造性思维的培养渗透到教育中的每一个环节，从而拓宽其创造空间。

三、从"被动、传统学习"走向"主动、创新学习"

主动的学习是指学生对学习怀有浓厚兴趣，发自内心地想学。创新的学习是以创新的态度来对待学习对象，在学习过程中想得多、想得新、想得巧，从而培养自己的创新精神和创新能力。在识字教育中，教师应采用讨论的方式（或集体讨论，或四人小组讨论，或同桌讨论）进行"三互"（互动、互教、互补）学习，让学生通过自己的观察、思考，找到识记字形的方法，总结识字规律。

小学阶段的识字教育，还应在认清字形、念准字音、了解字义的基础上加强汉字书写训练。应教育学生熟悉汉字的笔画类型和笔画规则，养成规规矩矩写字的良好习惯，纠正写字潦草、歪七扭八、不讲行款的不良习惯，不写错别字、繁体字、异体字和不规范简化字，经过扎实严格的训练，使学生做到写字姿势端正，写出的字间架匀称、笔画清楚、笔顺正确、行款整齐、疏密适宜，努力达到新大纲提出的"书写工整、规范、有一定速度"的要求。

第四节 趣味识字教育

一、趣味识字教育的定义

趣味识字教育是围绕"趣"字来识字的一种教育形式。它依据儿童的认知规律和心理特点，以激励儿童识字兴趣为目的，采用一些富有趣味性的方法，使识字教育变枯燥为新奇，变呆板为活泼，变被动为主动。儿童在识字过程中始终保持着积极向上的乐观情绪，能充分享受识字的乐趣。

二、趣味识字教育法的特点

新课标规定：低年级认识常用汉字 1800 个左右，其中 1200 个会写，识字量占小学识字总量的 60%，平均每学期大约认识 500 个左右的汉字。这么大的识字量如果让学生单调地读、重复地写、机械地识，将使学生不堪重负。在集中识字阶段，以掌握常用字为目标，使儿童以尽可能短的时间学会两千个左右常用汉字，就是我国古代识字教育的基本经验。集中识字即采取先识字，后读书的集中识字方法。即识字暂时脱离课文，集中学会一批汉字之后，再阅读一些课文。它采用以"基本字带字"的教育方法，识字时集中力量识字，读书时集中力量读书，难点分散，任务单一。其中，注重汉字构字规律的识字方法有：集中识字、部件识字、字根识字、字理识字等。向西方学习，有现代意识，关注阅读问题注重儿童心理特点的识字教育方法有：分散识字、听读识字、注音识字等。吸取诸家优势集大成并构建小学语文教育完整体系的识字教育方法有：集中识字、分散识字、韵语识字、字族文识字等。"每一种方法，尽管视角、起点不同，但彼此之间没有'封闭起来'，都在不断地相互吸收，取长补短，坚持特色，不断完善。"

总揽全局，以上诸种识字教育方法各有优势，但也有自己的不足。例如：集中识字由于任务单一和集中，可能造成识字量过多、学生负担过重、字词与文章脱节等现象，这样可能会影响儿童的学习兴趣和积极性，此外，由于汉字的演变，归类也有一定的局限性；分散识字是根据儿童学习语言的规律和汉字的某些特点，把识字和阅读结合起来，但它也有不足之处：任务齐头并进，重点不突出，不能充分利用汉字规律，生字出现的频率低，影响巩固；注音识字的重要特点是以汉语拼音为工具，寓识字于学汉语拼音读物之中，使阅读、写作提前与识字同时起步，将小学低年级语文教育的重点从"识字"转为"提前读写、发展语言、发展智力"，但在教育过程中，也发现不少问题，主要是低年级学生受方言干扰，用拼音读写有困难，中高年级学生经常会出现错别字，同音混淆，学生负担偏重等。这些问题都有待于进一步研究解决。

纵观以上各种教育法，尽管都有其各自不同特色的出发点和逻辑体系，它们之间也存在着或大或小的差异，但每一种识字教育法都是从汉字自身的文字学、语音学规律为出发点和归宿的，也都是符合儿童心理发展特征的。由此，可以归纳出小学识字教育法的基本依据：①必须是以汉字文字学、语音学规律为基础，符合学生心理特点和认知规律；②在汉字规律、识字的心理特征和方法论等方面，具有区别于其他方法的突出特点；③能够推动识字教育的教科研水平，取得良好的教育效果。

　　针对小学教育法的分类，得到几点有益的启示：第一，研究小学识字教育法的科学分类，使人们比较自觉地认识到汉字具有形、音、义三个信息源的优势，比拼音文字主要靠声律习得作信息源识字要丰富得多，因而创造出识汉字的多种方法。第二，在借鉴吸纳和完善的基础上，应致力于小学识字教育科学化的探索。这里我们强调的是加强对学生主体，特别是学生识字心理特点和认知规律的研究。第三，完善教育法体系和促进识字教育方法科学化研究的目的是为了创造出最简便易行、教育效率最佳的识字方法，从而为提高全民族的文化素质、为汉字文化走向世界打通信息坦途。

参考文献

［1］廖娅晖. 小学语文教育设计［M］. 北京：中国铁道出版社，2018.

［2］朱立金. 小学语文教育研究与实践［M］. 济南：山东教育出版社，2018.

［3］宋秋前，张春雅，鲁林华. 小学语文教育问题分析与解决策略［M］. 上海：上海交通大学出版社，2018.

［4］宋秋前，钟玲玲. 小学语文教育问题诊断与矫治［M］. 上海：上海交通大学出版社，2018.

［5］顾可雅. 基于核心素养的小学语文教育设计［M］. 宁波：宁波出版社，2018.

［6］江玉安. 小学语文课程与教育导论［M］. 长沙：湖南师范大学出版社，2018.

［7］李碧. 小学语文视觉化教育［M］. 上海：上海交通大学出版社，2018.

［8］赵霞. 小学语文课堂教育艺术［M］. 北京：现代出版社，2018.

［9］辛洁，张爽. 小学语文写字课微格教育设计［M］. 北京：首都师范大学出版社，2018.

［10］武金英. 小学语文对话课微格教育设计［M］. 北京：首都师范大学出版社，2018.

［11］莫莉. 小学语文教育教育知识与能力［M］. 昆明：云南科技出版社，2018.

［12］刘山. 小学语文教育技巧［M］. 天津：天津科学技术

出版社，2018.

[13] 刘俊虹. 小学语文教育策略［M］. 哈尔滨：黑龙江科学技术出版社，2018.

[14] 邸威莉，时宁云，梁会. 小学语文的教育研究策略［M］. 北京：北京工业大学出版社，2018.

[15] 黄绍梅. 小学语文教育创新与求真［M］. 长春：吉林人民出版社，2018.

[16] 皮连生，周金钟，江美芳. 小学语文教育设计与实施［M］. 上海：华东师范大学出版社，2018.

[17] 朱红光. 小学语文教育理论与实践［M］. 北京：团结出版社，2018.

[18] 周存辉. 小学语文教育面面观［M］. 长春：东北师范大学出版社，2018.

[19] 陈秋霞. 小学语文教育新思考［M］. 长春：吉林教育出版社，2018.

[20] 金华. 小学语文教育与资源开发［M］. 北京：团结出版社，2018.

[21] 冯学敏. 小学语文教育实践论［M］. 成都：四川大学出版社，2018.

[22] 罗祎. 小学语文教育实践研究［M］. 北京：光明日报出版社，2019.

[23] 饶满萍. 小学语文教育设计与实施［M］. 成都：西南交通大学出版社，2019.

[24] 宋秋前，余春丽. 小学语文教育的优化策略［M］. 上海：上海交通大学出版社，2019.

[25] 刘吉才. 指向表达的小学语文教育［M］. 北京：中国书店，2019.

[26] 郭晓莹. 文本解读与小学语文教育设计［M］. 福州：福建教育出版社，2019.

[27] 刘素贞. 小学语文教育与教研实践研究 ［M］. 银川：宁夏人民出版社, 2019.

[28] 冯根林. 小学语文教育刍议 ［M］. 成都：四川民族出版社, 2019.

[29] 王盈. 小学语文教育之道 ［M］. 北京：中国铁道出版社, 2019.

[30] 隋淑玲. 小学语文教育策略与方法 ［M］. 北京：现代出版社, 2019.

[31] 赵年秀, 潘天正. 小学语文教育设计与实施 ［M］. 南京：南京大学出版社, 2019.

[32] 何桂叶. 小学语文教育设计与教师发展研究 ［M］. 北京：中国大地出版社, 2019.

[33] 黄志锋. 小学语文教育艺术与文化传承 ［M］. 北京：中国国际广播出版社, 2019.

[34] 任光霞. 小学语文课程与教育研究 ［M］. 长春：吉林人民出版社, 2020.

[35] 胡冰茹, 周彩虹. 小学语文课程教育与设计 ［M］. 苏州：苏州大学出版社, 2020.

[36] 杨年丰. 小学语文教育教法 ［M］. 郑州：河南人民出版社, 2020.

[37] 杜静宇. 小学语文教育理论与实践 ［M］. 延吉：延边大学出版社, 2020.

[38] 张元梅. 小学语文教育中的思考 ［M］. 北京：团结出版社, 2020.

[39] 向应禄. 小学语文教育设计理论与实践研究 ［M］. 北京：团结出版社. 2020.

[40] 康素珍. 小学语文教育策略与方法探索 ［M］. 北京：现代出版社, 2020.